1. Wörterverzeichnis

2. Wörterverzeichnis

Übungen zum Nachschlagen

| Schuljahr | Name | Klasse | Zustand des Buches |
|---|---|---|---|
| ~~Tama~~ 05/06 | Tamara A | 4b | neu |
| 07/08 | Christoph D. | 4a | neu |
| 08/09 | Marcel P | 3b | gebr |
| 09/10 | Kleinr. J. | 4a | gebr. |
| 10/11 | Öykü Özdemir | 3c | alt |
| 11/12 | Hannah B. | 3c | gut |
| 18/19 | MARKUS. H | 4A | |

# Wörterbuch
## für die Grundschule

Ausgabe B

westermann

## Tipps für das 1. Wörterverzeichnis

Wenn du nicht weißt, wie ein Wort richtig geschrieben wird,
kannst du hier nachsehen.

Der ☆ zeigt dir,
bei welchem Buchstaben im Alphabet du dich gerade befindest.

Alle roten Wörter sind **Namenwörter**,
die blauen Wörter sind **Tunwörter**,
und die **Wiewörter** sind in grüner Schrift.
Bei den Tunwörtern findest du zuerst die Grundform,
zum Beispiel **lesen**.
Dahinter kannst du dann sehen, wie sich das Wort verändert,
wenn du mit **er**, **sie** oder **es** einen Satz bilden würdest,
zum Beispiel **er liest**.

## Ab bis An

ab
der Abend, die Abende
abends
aber
acht
der Affe, die Affen
alle
allein
alles
als
also
alt, älter
am
die Ameise, die Ameisen
die Ampel, die Ampeln
an
andere

## An bis Au

anders
der Anfang, die Anfänge
anfangen, er fängt an
die Antwort, die Antworten
antworten, sie antwortet
der Apfel, die Äpfel
der April
die Arbeit, die Arbeiten
arbeiten, er arbeitet
der Arm, die Arme
der Arzt, die Ärzte
die Ärztin, die Ärztinnen
der Ast, die Äste
auch
auf
die Aufgabe, die Aufgaben
der Aufsatz, die Aufsätze
das Auge, die Augen
der August
aus
außerdem
das Auto, die Autos

das Baby, die Babys
backen, er backt
der Bäcker, die Bäcker
baden, sie badet
bald
der Ball, die Bälle
die Banane, die Bananen
die Bank, die Bänke
der Bär, die Bären
basteln, er bastelt
der Bauch, die Bäuche
bauen, sie baut
der Baum, die Bäume
die Beere, die Beeren
bei
beide
das Bein, die Beine



bekommen, er bekommt
der Berg, die Berge
besonders
besser
das Bett, die Betten
bewegen, sie bewegt
bezahlen, er bezahlt
die Biene, die Bienen
das Bild, die Bilder
ich bin
die Birne, die Birnen
bis
du bist
bitten, sie bittet
das Blatt, die Blätter
blau
bleiben, er bleibt
der Bleistift, die Bleistifte
der Blitz, die Blitze
blühen, es blüht
die Blume, die Blumen
die Blüte, die Blüten
der Boden, die Böden

## Bo bis Bu

das **Boot**, die Boote
böse
brauchen, sie braucht
braun
brav
brennen, es brennt
der **Brief**, die Briefe
die **Brille**, die Brillen
bringen, er bringt
das **Brot**, die Brote
der **Bruder**, die Brüder
das **Buch**, die Bücher
bunt
der **Bus**, die Busse
der **Busch**, die Büsche
die **Butter**

## Ce bis Co

der **Cent**, die Cent
der **Christbaum**,
die Christbäume
der **Clown**, die Clowns
der **Computer**, die Computer

da
dabei
das Dach, die Dächer
dafür
damit
danken, er dankt
dann
daran
darum
das
dass
davon
dazwischen
dein
deine
deiner
dem



den
denken, sie denkt
denn
der
des
der Dezember
dich
dick
die
der Dieb, die Diebe
der Dienstag
dies
diese
dieser
das Diktat, die Diktate
der Dinosaurier, die Dinosaurier
dir
doch
der Donnerstag
das Dorf, die Dörfer
dort
die Dose, die Dosen

## Dr bis Du

draußen
drei
drücken, sie drückt
du
dumm
dunkel
dünn
durch
dürfen, er darf
der Durst
durstig

## Ec bis El

die Ecke, die Ecken
das Ei, die Eier
eilig
ein
eine
einer
einfach
einige
einkaufen, er kauft ein
einmal
eins
das Eis
die Eisenbahn, die Eisenbahnen
der Elefant, die Elefanten
elf
die Eltern

## En bis Eu

das Ende, die Enden
endlich
eng
die Ente, die Enten
sich entschuldigen,
er entschuldigt sich
er
erste
die Erde
erklären, er erklärt
erschrecken,
sie erschrickt
erzählen, er erzählt
es
der Esel, die Esel
essen, sie isst
das Essen, die Essen
etwas
euch
euer, eure
die Eule, die Eulen
der Euro, die Euro

## Fa bis Fe

die Fahne, die Fahnen
fahren, sie fährt
das Fahrrad, die Fahrräder
fallen, er fällt
falsch
die Familie, die Familien
fangen, sie fängt
die Farbe, die Farben
fast
der Februar
fehlen, es fehlt
der Fehler, die Fehler
feiern, er feiert
fein
das Feld, die Felder
das Fenster, die Fenster
die Ferien

## Fe bis Fr

der Fernseher,
die Fernseher
fertig
das Fest, die Feste
das Feuer, die Feuer
die Feuerwehr,
die Feuerwehren
finden, sie findet
der Finger, die Finger
der Fisch, die Fische
die Flasche, die Flaschen
fleißig
die Fliege, die Fliegen
fliegen, er fliegt
die Flöte, die Flöten
der Flügel, die Flügel
flüssig
flüstern, sie flüstert
das Foto, die Fotos
die Frage, die Fragen
fragen, er fragt
die Frau, die Frauen
frech

## Fr bis Fu

der Freitag
fremd
der Fremde, die Fremden
fressen, er frisst
die Freude, die Freuden
sich freuen, sie freut sich
der Freund, die Freunde
die Freundin,
die Freundinnen
die Freundschaft,
die Freundschaften
frieren, er friert
frisch
der Frosch, die Frösche
die Frucht, die Früchte
der Frühling
füllen, er füllt
fünf
für
der Fuß, die Füße
der Fußball, die Fußbälle
das Futter
füttern, sie füttert

die Gabel, die Gabeln
ganz
der Garten, die Gärten
geben, er gibt
der Geburtstag, die Geburtstage
das Gedicht, die Gedichte
gefährlich
gegen
gehen, sie geht
gelb, die gelbe Sonne
das Geld, die Gelder
das Gemüse
genau
genug
gerade
gern



geschehen, es geschieht
das Geschenk, die Geschenke
die Geschichte, die Geschichten
das Gesicht, die Gesichter
gestern
gesund, die gesunde Ernährung
er gibt
gießen, sie gießt
glauben, er glaubt
gleich
das Glück
der Gott, die Götter
graben, sie gräbt
das Gras, die Gräser
groß, größer
grün
der Grund, die Gründe
die Gruppe, die Gruppen
gucken, er guckt
gut

## Ha bis He

das Haar, die Haare
haben, er hat
der Hals, die Hälse
halten, sie hält
die Hand, die Hände
hängen, es hängt
hart, härter
der Hase, die Hasen
er hat
das Haus, die Häuser
die Hausaufgabe,
die Hausaufgaben
die Haut, die Häute
heben, er hebt
die Hecke, die Hecken
das Heft, die Hefte
heiß

## He bis Ho

heißen, sie heißt
helfen, er hilft
die Hilfe
hell
das Hemd, die Hemden
her
herab
der Herbst
der Herr, die Herren
das Herz, die Herzen
heute
die Hexe, die Hexen
hier
der Himmel
hin
hinauf
hinten
hinter
hinunter
hoch, höher
hoffen, er hofft
hoffentlich
holen, sie holt

hören, er hört
die Hose, die Hosen
der Hund, die Hunde
hundert
der Hunger
hungrig
die Hürde, die Hürden
der Hut, die Hüte

## I

ich
der Igel, die Igel
ihm
ihn
ihnen
ihr
ihre
im
immer
in
der Indianer, die Indianer
ins
er isst (ein Brot)
sie ist (weg)

# J

ja
die Jacke, die Jacken
das Jahr, die Jahre
der Jahrmarkt,
die Jahrmärkte
der Januar
jede
jeder
jedes
jemand
jetzt
der Jogurt, die Jogurts
der Juli
jung
der Junge, die Jungen
der Juni

# Ka bis Ke

der Käfer, die Käfer
der Kalender, die Kalender
kalt, kälter
die Kälte
das Kamel, die Kamele
sie kann
kaputt
die Karte, die Karten
die Kartoffel, die Kartoffeln
der Käse
der Kasper
die Katze, die Katzen
kaufen, er kauft
kein
keine
keiner
kennen, sie kennt

J
K
L
M
N
O
P
Qu
R
S
T
U
V
W
X
Y
Z

# Ke bis Ko

die Kerze, die Kerzen
die Kette, die Ketten
das Kind, die Kinder
das Kino, die Kinos
die Kirche, die Kirchen
klar
die Klasse, die Klassen
kleben, es klebt
das Kleid, die Kleider
klein
klingen, es klingt
klug
das Knie, die Knie
der Knochen, die Knochen
der Koch, die Köche
kochen, er kocht
der Koffer, die Koffer
kommen, sie kommt
der König, die Könige
die Königin, die Königinnen
können, er kann
der Kopf, die Köpfe
der Körper, die Körper

# Ko bis Ku

kosten, es kostet
krank
die Krankheit,
die Krankheiten
das Kraut, die Kräuter
die Küche, die Küchen
der Kuchen, die Kuchen
die Kuh, die Kühe
kurz
der Kuss, die Küsse

lachen, sie lacht
die Lampe, die Lampen
das Land, die Länder
lang, länger
langsam
lassen, er lässt
die Laterne, die Laternen
das Laub
laufen, sie läuft
laut
leben, er lebt
leer
legen, sie legt
der Lehrer, die Lehrer
die Lehrerin, die Lehrerinnen
leicht



leise
die Leiter, die Leitern
lernen, er lernt
lesen, sie liest
letzte
die Leute
das Lexikon, die Lexika
das Licht, die Lichter
lieb
lieben, er liebt
das Lied, die Lieder
liegen, es liegt
er liest
links, der linke Fuß
die Lippe, die Lippen
das Loch, die Löcher
der Löffel, die Löffel
die Lokomotive, die Lokomotiven
der Löwe, die Löwen
die Luft, die Lüfte
die Lupe, die Lupen
lustig

machen, sie macht
das Mädchen, die Mädchen
er mag
der Mai
malen, er malt
die Mama, die Mamas
man
manche
manchmal
der Mann, die Männer
das Märchen, die Märchen
der März
die Maus, die Mäuse
die Mausefalle, die Mausefallen
das Meer, die Meere
mehr



mein
meine
meiner
meistens
der Mensch, die Menschen
das Messer, die Messer
mich
die Milch
die Minute, die Minuten
mir
mit
der Mittag
das Mittagessen, die Mittagessen
die Mitte
der Mittwoch
mögen, er mag
die Möhre, die Möhren
der Monat, die Monate
der Mond, die Monde
der Montag
der Morgen
morgen Abend

morgens
müde
der Müll
der Mund, die Münder
die Musik
der Musiker, die Musiker
müssen, sie muss
der Mut
mutig
die Mutter, die Mütter
die Mütze, die Mützen

nach
der Nachmittag,
die Nachmittage
nächste
die Nacht, die Nächte
die Nadel, die Nadeln
der Nagel, die Nägel
der Name, die Namen
die Nase, die Nasen
nass
natürlich
der Nebel
nebelig
neben
nehmen, er nimmt
nein
das Nest, die Nester


M N O P Qu R S T U V W X Y Z

das Netz, die Netze
neu
neulich
neun
nicht
nichts
nie
niemand
das Nilpferd, die Nilpferde
er nimmt
noch
die Not, die Nöte
der November
die Nudel, die Nudeln
null
nun
nur
die Nuss, die Nüsse

# O

ob
oben
das Obst
obwohl
oder
der Ofen, die Öfen
offen
oft
ohne
das Ohr, die Ohren
der Oktober
die Oma, die Omas
der Onkel, die Onkel
der Opa, die Opas
der Ort, die Orte
Ostern
das Osterei, die Ostereier

packen, sie packt
das Paket, die Pakete
der Papa, die Papas
das Papier
der Papierkorb,
die Papierkörbe
die Pappe, die Pappen
die Pause, die Pausen
das Pferd, die Pferde
pflanzen, er pflanzt
pflegen, sie pflegt
der Pilz, die Pilze
der Pinsel, die Pinsel
die Pizza, die Pizzas
der Platz, die Plätze
plötzlich
die Polizei



der Polizist, die Polizisten
die Pommes
das Pony, die Ponys
die Post
der Preis, die Preise
der Pullover, die Pullover
die Puppe, die Puppen
putzen, er putzt

das Quadrat, die Quadrate
quaken, er quakt
die Qualle, die Quallen
der Quark
der Quatsch

# Ra bis Re

der Rabe, die Raben
das Rad, die Räder
Rad fahren,
sie fährt Rad
das Radio, die Radios
raten, er rät
der Raum, die Räume
die Raupe, die Raupen
rechnen, sie rechnet
rechts, die rechte Hand
reden, er redet
der Regen
der Regenschirm,
die Regenschirme
regnen, es regnet
reich
die Reihe, die Reihen

# Re bis Ru

die Reise, die Reisen
reisen, sie reist
rennen, er rennt
der Rest, die Reste
richtig
riechen, sie riecht
der Ring, die Ringe
der Rock, die Röcke
rollen, es rollt
rot
der Rücken, die Rücken
rufen, er ruft
rund
die Rutsche, die Rutschen
rutschen, sie rutscht

die Sache, die Sachen
der Saft, die Säfte
sagen, er sagt
das Salz, die Salze
salzig
der Samstag
der Sand
sandig
der Satz, die Sätze
sauber
scharf
schauen, sie schaut
scheinen, es scheint
schenken, er schenkt
die Schere, die Scheren
das Schiff, die Schiffe
schlafen, sie schläft



schlagen, er schlägt
der Schlüssel, die Schlüssel
der Schmetterling, die Schmetterlinge
der Schmutz
schmutzig
der Schnee
schneiden, sie schneidet
schnell
die Schokolade
schon
schön
schreiben, er schreibt
schreien, sie schreit
der Schuh, die Schuhe
die Schule, die Schulen
schwarz
die Schwester, die Schwestern
sechs
sehen, er sieht
sehr
die Seife, die Seifen

## Se bis Sp

sein
seine
seiner
seit
die Seite, die Seiten
die Sekunde, die Sekunden
der September
sich
sie
sieben
er sieht
wir sind
singen, sie singt
sitzen, er sitzt
so
der Sohn, die Söhne
sollen, sie soll
der Sommer, die Sommer
die Sonne
der Sonntag
die Spagetti
sparen, er spart
spät

## Sp bis Su

spielen, sie spielt
spitz
der Sport
die Sprache, die Sprachen
sprechen, er spricht
springen, sie springt
die Stadt, die Städte
die Stange, die Stangen
der Stängel, die Stängel
stark
stehen, er steht
der Stein, die Steine
stellen, sie stellt
der Stern, die Sterne
der Stift, die Stifte
still
die Stirn, die Stirnen
die Straße, die Straßen
der Strauch, die Sträucher
der Stuhl, die Stühle
die Stunde, die Stunden
suchen, er sucht
süß

## Ta bis Ti

die Tafel, die Tafeln
der Tag, die Tage
die Tante, die Tanten
tanzen, er tanzt
die Tasche, die Taschen
die Tasse, die Tassen
der Teddy, die Teddys
der Tee, die Tees
das Telefon, die Telefone
der Teller, die Teller
die Temperatur, die Temperaturen
teuer
der Text, die Texte
das Thermometer, die Thermometer
das Tier, die Tiere

## Ti bis Tu

der Tisch, die Tische
die Tochter, die Töchter
die Tomate, die Tomaten
der Topf, die Töpfe
das Tor, die Tore
tragen, er trägt
der Traum, die Träume
träumen, er träumt
traurig
trinken, sie trinkt
trocken
das Tuch, die Tücher
tun, sie tut
der Turm, die Türme
turnen, er turnt

P Qu R S T U V W X Y Z

## U

üben, er übt
über
überlegen, sie überlegt
die Überschrift, die Überschriften
die Übung, die Übungen
das Ufo, die Ufos
die Uhr, die Uhren
um
der Umweg, die Umwege
und
der Unfall, die Unfälle
uns
unser, unsere
unten
unter
der Urlaub

## V

der Vater, die Väter
vergessen, sie vergisst
verkaufen, er verkauft
der Verkehr
verstehen, sie versteht
versuchen, er versucht
viel
vielleicht
vier
der Vogel, die Vögel
voll
vom
von
vor
vorlesen, sie liest vor
vorne
vorsichtig

# Wa bis We

der Wald, die Wälder
wann
warm
die Wärme
warten, sie wartet
warum
was
waschen, er wäscht
das Wasser
der Weg, die Wege
Weihnachten
weil
weiß, die weiße Wolke
sie weiß
weit, weiter
welche
welcher

# We bis Wu

wem
wen
wenig
wenn
wer
werden, er wird
das Wetter
wie
wieder
die Wiese, die Wiesen
er will
der Wind, die Winde
der Winter, die Winter
wir
wissen, sie weiß
wo
die Woche, die Wochen
wohnen, er wohnt
die Wolke, die Wolken
wollen, er will
das Wort, die Wörter
wünschen, sie wünscht
die Wurzel, die Wurzeln

## Za bis Zo

die Zahl, die Zahlen
zählen, er zählt
der Zahn, die Zähne
der Zaun, die Zäune
die Zehe, die Zehen
zehn
zeigen, sie zeigt
die Zeit
der Zeitpunkt, die Zeitpunkte
die Zeitung, die Zeitungen
der Zettel, die Zettel
das Zeugnis, die Zeugnisse
die Ziege, die Ziegen
das Zimmer, die Zimmer
der Zirkus, die Zirkusse
die Zitrone, die Zitronen
der Zoo, die Zoos

## Zu bis Zw

zu
der Zucker
zuerst
der Zug, die Züge
zum
zur
zusammen
zwei
der Zweig, die Zweige
die Zwiebel, die Zwiebeln
zwischen
zwölf

# Tipps für das 2. Wörterverzeichnis

In diesem Wörterverzeichnis findest du neben der richtigen Schreibweise eines Wortes auch Hinweise auf verwandte Begriffe, zum Beispiel:
fern; die Ferne; die Entfernung; sich entfernen; das Ferngespräch.

Die Trenn|stri|che zeigen dir, wie ein Wort richtig getrennt werden kann.

Ein Wort in eckigen Klammern [ ] gibt eine zweite Schreibweise an, die auch richtig ist.

In den runden Klammern ( ) findest du Erklärungen zu schwierigen Wörtern.

Der → bei zusammengesetzten Tunwörtern weist dich darauf hin, bei welchem Grundwort du weitere Formen findest.

# Aa bis Ab

der **Aal** (Fischart), die Aale
der **Aas|gei|er**, die Aasgeier
**ab**; ab und zu; auf und ab
**ab|bei|ßen** → beißen
**ab|bie|gen** → biegen
die **Ab|bil|dung**, die Abbildungen; abbilden
das **Ab|blend|licht**
**ab|bre|chen** → brechen
das **Abc**
der **A|bend**, die Abende; am Abend; eines Abends; heute Abend; abends; das Abendbrot; das Abendland
das **A|ben|teu|er**, die Abenteuer; der Abenteurer; abenteuerlich; der Abenteuerspielplatz
**aber**
der **A|ber|glau|be**
**ab|fah|ren** → fahren; die Abfahrt, die Abfahrten
der **Ab|fall**, die Abfälle; die Abfallvermeidung

# Ab

**ab|flie|gen** → fliegen
**ab|ge|ben** → geben
**ab|ge|spannt** (müde)
**ab|ge|wöh|nen** → gewöhnen
der **Ab|grund**, die Abgründe
**ab|gu|cken** → gucken
**ab|ho|len** → holen
das **A|bi|tur**
**ab|kür|zen**, sie kürzt ab; die Abkürzung
**ab|leh|nen** → lehnen; die Ablehnung
**ab|len|ken** → lenken; die Ablenkung
**ab|ma|chen** → machen; die Abmachung
**ab|mel|den** → melden; die Abmeldung
**ab|neh|men** → nehmen
das **A|bo** [das Abonnement], die Abos; etwas abonnieren
**ab|rei|sen** → reisen; die Abreise
**ab|rei|ßen** → reißen
der **Ab|satz**, die Absätze
**ab|schal|ten** → schalten
der **Ab|schied**; sich verabschieden
**ab|schlep|pen**; das Abschleppseil
**ab|schlie|ßen** → schließen
**ab|schnei|den** → schneiden
der **Ab|schnitt**, die Abschnitte
**ab|schrei|ben** → schreiben

**ab|seits**; abseits stehen
der **Ab|sen|der**, die Absender; absenden → senden
die **Ab|sicht**, die Absichten; absichtlich
**ab|so|lut** (ganz und gar)
**ab|spü|len** → spülen
**ab|stam|men**; die Abstammung
der **Ab|stand**, die Abstände
**ab|stei|gen** → steigen; der Abstieg
**ab|stim|men**; die Abstimmung
**ab|stür|zen**, er stürzt ab; der Absturz, die Abstürze
das **Ab|teil** (im Zug), die Abteile
die **Ab|tei|lung**, die Abteilungen
**ab|trock|nen**, er trocknet ab
**ab|wärts**
**ab|wa|schen** → waschen; der Abwasch
das **Ab|was|ser**, die Abwässer
**ab|wech|seln**, er wechselt ab; abwechselnd
**ab|zäh|len**, sie zählt ab; der Abzählvers
das **Ab|zei|chen**, die Abzeichen
die **Ach|se**, die Achsen
die **Ach|sel**, die Achseln; die Achselhöhle

**acht**; achtzehn; achtzig; um acht; der Achte; achtmal
**ach|ten**, er achtet; Acht geben; gib Acht!; nimm dich in Acht!; die Achtung; verachten; die Verachtung
**äch|zen**, er ächzt (vor Schmerzen)
der **A|cker**, die Äcker
**ad|die|ren** (zusammenzählen), sie addiert; die Addition
**a|de**! (lebe wohl!)
die **A|der**, die Adern
das **Ad|jek|tiv** (Eigenschaftswort, Wiewort), die Adjektive
der **Ad|ler**, die Adler
**a|dop|tie|ren [ad|op|tie|ren]**, er adoptiert; die Adoption; die Adoptiveltern
die **A|dres|se [Ad|res|se]**, die Adressen; adressieren
der **Ad|vent**; die Adventsfeier
der **Af|fe**, die Affen; affig

**Af|ri|ka [A|fri|ka]**; der Afrikaner, die Afrikaner, die Afrikanerin; afrikanisch
die **AG** (Arbeitsgemeinschaft), die AGs
**ag|gres|siv**; die Aggression
**ah|nen**, sie ahnt; die Ahnung; ahnungslos

**ähn|lich**; die Ähnlichkeit
der **A|horn**; die Ahornbäume
die **Äh|re**, die Ähren
das **Aids** (Virus)
das **Ak|kor|de|on** (Musikinstrument),
die Akkordeons
der **Ak|ku|sa|tiv** (4. Fall, Wenfall)
der **Ak|ro|bat [A|kro|bat]**, die Akrobaten;
die Akrobatin; akrobatisch
die **Ak|te**, die Akten; die Aktentasche
die **Ak|tie**, die Aktien
die **Ak|ti|on** (Handlung), die Aktionen
**ak|tiv** (tätig, eifrig); die Aktivität
**ak|tu|ell** (augenblicklich)
**a|kut** (plötzlich auftretend)
der **A|larm**, die Alarme; alarmieren
**Al|ba|ni|en**; der Albaner,
die Albaner, die Albanerin; albanisch
**al|bern**; die Albernheit
der **Alb|traum** [Alptraum],
die Albträume
das **Al|bum**, die Alben
die **Al|ge**, die Algen
der **Al|ko|hol**; alkoholfrei
**Al|lah** (Name für Gott im Islam)
**al|le**; alles; vor allem
die **Al|lee**, die Alleen
**al|lein**
**al|ler|dings**



die **Al|ler|gie**, die Allergien
**al|ler|hand**
**Al|ler|hei|li|gen** (kath. Feiertag)
**al|ler|lei**
**all|ge|mein**; im Allgemeinen
**all|mäh|lich**
der **All|tag**; alltäglich; alltags
**all|zu**
die **Alm** (Bergweide), die Almen
die **Al|pen** (Gebirge)
das **Al|pha|bet** (Abc);
alphabetisch geordnet
**als**; ich bin größer als du;
er kam, als du riefst
**al|so**
**alt**, älter, am ältesten; das Alter
der **Al|tar**, die Altäre
das **A|lu|mi|ni|um**; die Alufolie
**am** (an dem)
der **A|ma|teur** (Nichtfachmann),
die Amateure
die **A|mei|se**, die Ameisen
**A|me|ri|ka**; der Amerikaner,
die Amerikaner,
die Amerikanerin; amerikanisch
die **Am|pel**, die Ampeln
die **Am|sel**, die Amseln
**Ams|ter|dam** (Hauptstadt
der Niederlande)

das **Amt**, die Ämter; amtlich

sich **a|mü|sie|ren**; ich amüsiere mich

**an**

die **A|na|nas**, die Ananas [Ananasse]

**an|bie|ten** → bieten

der **An|blick**; anblicken

**an|bren|nen** → brennen

**an|däch|tig**; die Andacht

**an|dau|ernd**

das **An|den|ken**, die Andenken

**an|de|re**; ein anderer; etwas anderes

**än|dern**; geändert; die Änderung

**an|ders**

der **An|drang**; der Andrang ist groß

**an|ein|an|der [an|ei|nan|der]**

die **An|er|ken|nung**; anerkennen

der **An|fall**, die Anfälle; anfällig

**an|fan|gen** → fangen

der **An|fang**; der Anfänger; die Anfängerin; anfangs; der Anfangsbuchstabe

**an|fas|sen**; sie fasst (ihn) an

**an|feu|ern**; sie feuert an

**an|füh|ren** → führen; der Anführer, die Anführer; die Anführerin; die Anführungszeichen

**an|ge|ben** → geben; der Angeber; die Angeberin

**an|geb|lich**

das **An|ge|bot**, die Angebote

der **An|ge|hö|ri|ge**, die Angehörigen

der **An|ge|klag|te**, die Angeklagten; die Angeklagte

die **An|ge|le|gen|heit**, die Angelegenheiten

**an|geln**; sie angelt; die Angel, die Angeln; der Angler; die Anglerin

**an|ge|nehm**

der **An|ge|stell|te**, die Angestellten; die Angestellte

die **An|ge|wohn|heit**; sich etwas angewöhnen

**an|grei|fen** → greifen; der Angriff, die Angriffe

die **Angst**, die Ängste; ängstlich; ich habe Angst; vor Angst; mir ist angst und bange

**an|gu|cken** → gucken

**an|hal|ten** → halten

der **An|hän|ger**, die Anhänger

**An|ka|ra** (Hauptstadt der Türkei)

der **An|ker**, die Anker; ankern

**an|kom|men** → kommen

**an|kreu|zen**; er kreuzt an

die **An|kunft**; die Ankunftszeit

die **An|la|ge**, die Anlagen

der **An|lass**, die Anlässe; anlässlich

der **An|lauf**; anlaufen → laufen
sich **an|leh|nen**, sie lehnt sich an
**an|ma|len** → malen
**an|mel|den** → melden; die Anmeldung
die **An|nah|me**; annehmen → nehmen
die **An|non|ce** (Anzeige), die Annoncen
der **A|no|rak**, die Anoraks
**an|re|den** → reden; die Anrede
**an|ru|fen** → rufen; der Anruf; der Anrufbeantworter
**ans** (an das); ans andere Ufer
die **An|sa|ge**; ansagen
**an|schau|en** → schauen
**an|schei|nend**; der Anschein
**an|schlie|ßen** → schließen; der Anschluss; anschließend
**an|schnal|len**, er schnallt an
die **An|schrift**, die Anschriften
**an|se|hen** → sehen; ansehnlich
die **An|sicht**, die Ansichten
**an|spre|chen** → sprechen; die Ansprache
**an|stän|dig**; der Anstand
**an|statt**; anstatt des Vaters
**an|ste|cken** → stecken; die Ansteckung
sich **an|stel|len** → stellen
**an|sto|ßen** → stoßen
sich **an|stren|gen**, sie strengt sich an; die Anstrengung; anstrengend
die **Ant|ark|tis** (Südpol); antarktisch
der **An|teil**, die Anteile
die **An|ten|ne**, die Antennen
**an|tik** (alt, altertümlich)
die **An|ti|lo|pe** (Huftier), die Antilopen
die **An|ti|qui|tät** (wertvoller alter Gegenstand), die Antiquitäten
der **An|trag**, die Anträge
**ant|wor|ten**, sie antwortet; die Antwort, die Antworten
der **An|walt**, die Anwälte; die Anwältin
**an|wei|sen** → weisen; die Anweisung
**an|wen|den** → wenden
**an|we|send**; die Anwesenheit
die **An|zahl**; anzahlen; die Anzahlung
die **An|zei|ge**, die Anzeigen; die Anzeigetafel; anzeigen
**an|zie|hen** → ziehen; angezogen; die Anziehungskraft
der **An|zug**, die Anzüge
**an|zün|den** → zünden
das **A|part|ment** (kleine Wohnung), die Apartments
der **Ap|fel**, die Äpfel
die **Ap|fel|si|ne**, die Apfelsinen
die **A|po|the|ke**, die Apotheken
der **Ap|pa|rat**, die Apparate

der **Ap|pe|tit**; appetitlich
der **Ap|plaus**; applaudieren
die **Ap|ri|ko|se [A|pri|ko|se]**, die Aprikosen
der **Ap|ril [A|pril]**; das Aprilwetter
das **A|qua|ri|um**, die Aquarien
der **Ä|qua|tor** (längster Breitenkreis)
**A|ra|bi|en**; der Araber, die Araber, die Araberin; arabisch
**ar|bei|ten**, sie arbeitet; arbeitslos; die Arbeit; der Arbeiter; die Arbeiterin
der **Ar|chi|tekt**, die Architekten
**är|gern**, sie ärgert; der Ärger; ärgerlich
das **Ar|gu|ment** (Beweis), die Argumente
die **Ark|tis** (Nordpol); arktisch
**arm**, ärmer, am ärmsten; die Armut; ärmlich; armselig
der **Arm**, die Arme
der **Är|mel**, die Ärmel
das **A|ro|ma** (Duft), die Aromen; aromatisch
die **Art**, die Arten
**ar|tig**
der **Ar|ti|kel** (Begleiter), die Artikel
der **Ar|tist** (Zirkuskünstler), die Artisten; die Artistin
der **Arzt**, die Ärzte; die Ärztin, die Ärztinnen; ärztlich; verarzten



die **A|sche**; der Aschenbecher; der Aschermittwoch
**A|si|en**; der Asiat, die Asiaten; die Asiatin; asiatisch
der **As|phalt**; die Asphaltstraße
das **Ass** (Spielkarte), die Asse
er **aß** → essen
der **Ast**, die Äste

der **As|tro|naut [Ast|ro|naut]**, die Astronauten; die Astronautin
das **A|syl** (Zufluchtsort); das Asylantenheim; der Asylbewerber
das **A|te|li|er** (Künstlerwerkstatt), die Ateliers; das Fotoatelier
der **A|tem**; die Atmung; atmen; atemlos; atemberaubend
**A|then** (Hauptstadt von Griechenland)
der **Ath|let** (Sportler, Kraftmensch), die Athleten; die Athletin; athletisch
der **At|lan|tik**; der Atlantische Ozean
der **At|las**, die Atlanten
die **At|mos|phä|re [At|mo|sphä|re]**
das **A|tom**, die Atome; das Atomkraftwerk [AKW]
das **At|ten|tat** (Anschlag), die Attentate; der Attentäter
das **At|test** (ärztliche Bescheinigung)
die **At|trak|ti|on**, die Attraktionen; attraktiv

P Qu R S T U V W X Y Z

**ät|zen** (mit Säure bearbeiten); ätzend
**auch**; ich komme auch
**auf**; auf einmal; aufs neue [Neue]; das Auf und Ab
**auf|be|wah|ren**; die Aufbewahrung
**auf|bre|chen** → brechen
**auf|ein|an|der [auf|ei|nan|der]**
der **Auf|ent|halt**, die Aufenthalte; sich aufhalten → halten
**auf|fal|len** → fallen; auffällig
**auf|for|dern** → fordern; die Aufforderung
**auf|füh|ren** → führen; die Aufführung
die **Auf|ga|be**, die Aufgaben;
**auf|ge|ben** → geben
der **Auf|gang**, die Aufgänge
**auf|ge|hen** → gehen
**auf|ge|regt**
**auf|hän|gen** → hängen
**auf|hö|ren** → hören
**auf|kle|ben** → kleben; der Aufkleber
**auf|la|den**, er lädt auf
**auf|merk|sam**; die Aufmerksamkeit
die **Auf|nah|me**, die Aufnahmen
**auf|pas|sen**, sie passt auf; aufgepasst!; der Aufpasser
**auf|räu|men**, er räumt auf; aufgeräumt

**auf|recht**, sie steht aufrecht
**auf|re|gen**; die Aufregung
**auf|rich|tig** (ehrlich)
der **Auf|satz**, die Aufsätze
**auf|schie|ben** → schieben; der Aufschub
der **Auf|schnitt**; der Wurstaufschnitt
das **Auf|se|hen**; Aufsehen erregend
die **Auf|sicht** (in der Pause)
**auf|ste|hen** → stehen
der **Auf|trag**, die Aufträge
**auf|tre|ten** → treten; der Auftritt
**auf|wa|chen**, sie wacht auf
der **Auf|wand**; aufwändig
**auf|wärts**
**auf|we|cken**, er weckt auf
**auf|wen|den** → wenden
der **Auf|zug**, die Aufzüge
das **Au|ge**, die Augen; das Augenlid; der Augenblick; augenblicklich
der **Au|gust**
**aus**
**aus|bes|sern**, sie bessert aus
die **Aus|bil|dung**; ausbilden
der **Aus|blick**, die Ausblicke
die **Aus|dau|er**; ausdauernd
der **Aus|druck**, die Ausdrücke; ausdrücklich; ausdrücken

**aus|ein|an|der [aus|ei|nan|der]**
der **Aus|flug**, die Ausflüge
**aus|führ|lich**
die **Aus|ga|be**, die Ausgaben
der **Aus|gang**, die Ausgänge
**aus|ge|ben** → geben
**aus|ge|fal|len** (ungewöhnlich)
**aus|ge|hen** → gehen
**aus|gie|big** (reichlich)
**aus|gie|ßen** → gießen
der **Aus|guss**, die Ausgüsse
die **Aus|kunft**, die Auskünfte
das **Aus|land**; der Ausländer, die Ausländer, die Ausländerin; ausländisch
die **Aus|nah|me**, die Ausnahmen; ausnahmsweise
**aus|pro|bie|ren** → probieren
der **Aus|puff**, die Auspuffe
**aus|rech|nen** → rechnen
die **Aus|re|de**, die Ausreden
**aus|rei|chen**, es reicht aus; ausreichend
**aus|rei|ßen** → reißen; der Ausreißer; die Ausreißerin
**aus|ru|fen** → rufen; das Ausrufezeichen
**aus|ru|hen** → ruhen; ausgeruht
die **Aus|sa|ge**, die Aussagen



**aus|schla|fen** → schlafen
der **Aus|schlag**, die Ausschläge
**aus|se|hen** → sehen
**au|ßen**; von außen; äußerlich
**au|ßer**; außerdem; außerhalb
**äu|ßern**; die Äußerung
die **Aus|sicht**, die Aussichten; aussichtslos
die **Aus|spra|che**; der Ausspruch
die **Aus|stat|tung**; ausstatten
**aus|stei|gen** → steigen
**aus|stel|len** → stellen; die Ausstellung
**aus|stop|fen** → stopfen
**Aus|tra|li|en [Aust|ra|li|en]**; der Australier, die Australier, die Australierin; australisch
**aus|wäh|len** → wählen; die Auswahl
**aus|wärts**; auswärts essen; auswärtig
der **Aus|weg**; ausweglos
der **Aus|weis**, die Ausweise
**aus|wen|dig**; auswendig lernen
die **Aus|zeich|nung**; ausgezeichnet
**aus|zie|hen** → ziehen
das **Au|to**, die Autos; Auto fahren
das **Au|to|gramm** (Unterschrift), die Autogramme
der **Au|to|mat**, die Automaten; automatisch
die **Axt**, die Äxte

das **Ba|by**, die Babys; der Babysitter

der **Bach**, die Bäche

die **Ba|cke**, die Backen; der Backenzahn

**ba|cken**, er backt, ich backte [buk], ich habe gebacken; der Bäcker; die Bäckerin; die Bäckerei

**ba|den**; das Bad, die Bäder; das Badezimmer

**Ba|den-Würt|tem|berg**; baden-württembergisch

der **Bag|ger**, die Bagger; baggern

das [die] **Ba|guette** (Weißbrot), die Baguettes

die **Bahn**, die Bahnen; der Bahnhof; der Bahnsteig

die **Bah|re**, die Bahren

die **Bak|te|rie**, die Bakterien

**ba|lan|cie|ren**; die Balance

**bald**; möglichst bald; baldigst

sich **bal|gen**; die Balgerei

der **Bal|ken**, die Balken

Ba

der **Bal|kon**, die Balkons [Balkone]

der **Ball**, die Bälle; Ball spielen

das **Bal|lett**; die Balletttänzerin

der **Bal|lon**, die Ballons [Ballone]

die **Ba|na|ne**, die Bananen

das **Band**, die Bänder; das Armband

der **Band** (Buch), die Bände

die **Band** (Musikgruppe), die Bands

**ban|da|gie|ren**, er bandagiert einen Arm; die Bandage

die **Ban|de**, die Banden

**bän|di|gen**

der **Ban|dit**, die Banditen

**ban|ge**; mir ist bange

die **Bank** (Sitzgelegenheit), die Bänke

die **Bank** (Sparkasse), die Banken

**bar**; bar bezahlen; das Bargeld; barfuß

die **Bar**, die Bars; die Tanzbar

der **Bär**, die Bären

die **Ba|ra|cke** (einfache Unterkunft), die Baracken

**barm|her|zig**; die Barmherzigkeit

das **Ba|ro|me|ter** (Luftdruckmesser), die Barometer

der **Bar|ren**, die Barren

der **Bart**, die Bärte

der **Ba|sar** [Bazar], die Basare; der Weihnachtsbasar

der **Bas|ket|ball**, die Basketbälle; Basketball spielen

der **Bass** (tiefste Tonlage), die Bässe; die Bassgeige

der **Bast**, die Baste

**bas|teln**, sie bastelt; die Bastelei

die **Ba|tik**, die Batiken; batiken, er batikt; gebatikt; der Batikdruck

die **Bat|te|rie**, die Batterien

der **Bauch**, die Bäuche; die Bauchschmerzen; das Bauchweh

**bau|en**; der Bau, die Bauten; der Baukasten, die Baukästen

der **Bau|er** (Landwirt), die Bauern; die Bäuerin, die Bäuerinnen

das [der] **Bau|er** (Vogelkäfig), die Bauer

der **Baum**, die Bäume

**bau|meln**, es baumelt

die **Baum|wol|le**

**Bay|ern**; der Bayer, die Bayern, die Bayerin; bayerisch

der **Ba|zil|lus** (Krankheitserreger), die Bazillen

**be|ach|ten** → achten; beachtlich

der **Be|am|te**, die Beamten; die Beamtin, die Beamtinnen

**be|an|tra|gen** → tragen

**be|ant|wor|ten** → antworten

**be|auf|sich|ti|gen**, er beaufsichtigt

**be|ben**, es bebt; das Erdbeben

der **Be|cher**, die Becher

das **Be|cken**, die Becken; das Schwimmbecken

**be|däch|tig**

sich **be|dan|ken**, sie bedankt sich

der **Be|darf**

**be|dau|ern**; bedauerlich

**be|de|cken**; bedeckt

**be|den|ken** → denken; die Bedenken

**be|deu|ten**, es bedeutet; bedeutend; die Bedeutung

**be|die|nen**; die Bedienung

die **Be|din|gung**, die Bedingungen

**be|dro|hen**, er bedroht; bedrohlich; die Bedrohung

der **Be|du|i|ne** (Wüstenbewohner), die Beduinen

das **Be|dürf|nis**, die Bedürfnisse; bedürftig

sich **be|ei|len**; beeile dich!

**be|ein|dru|cken**; beeindruckend

**be|ein|flus|sen**; die Beeinflussung

**be|en|den**; beendigen

**be|er|di|gen**; die Beerdigung

die **Bee|re**, die Beeren

das **Beet**, die Beete

**be|feh|len**, sie befiehlt; der Befehl
**be|fes|ti|gen**, er befestigt;
die Befestigung
**be|frei|en**; die Befreiung
**be|frie|di|gend**; die Befriedigung
**be|fruch|ten**; die Befruchtung
**be|fürch|ten** → fürchten;
die Befürchtung
**be|gabt**; die Begabung
**be|geg|nen**; die Begegnung
**be|geis|tern**; die Begeisterung
**be|gie|rig**; die Begierde
**be|gie|ßen** → gießen
**be|gin|nen**, sie beginnt,
ich begann; der Beginn;
zu Beginn
**be|glei|ten**, er begleitet;
die Begleitung; der Begleiter,
die Begleiter; die Begleiterin
**be|glück|wün|schen** → wünschen
**be|gra|ben** → graben;
das Begräbnis, die Begräbnisse
**be|grei|fen**, sie begreift,
ich begriff; der Begriff
**be|grün|den**; die Begründung
**be|grü|ßen** → grüßen;
die Begrüßung
**be|hag|lich** (gemütlich)
**be|hal|ten** → halten; der Behälter

**be|han|deln** → handeln;
die Behandlung
**be|haup|ten**; die Behauptung
**be|he|ben** → heben
**be|herr|schen** → herrschen
**be|hilf|lich**
**be|hin|dert**; die Behinderung
die **Be|hör|de**, die Behörden
**be|hut|sam** (vorsichtig)
**bei**
**beich|ten**; die Beichte
**bei|de**; alle beide
**bei|ein|an|der [bei|ei|nan|der]**
der **Bei|fah|rer**, die Beifahrer;
die Beifahrerin
der **Bei|fall**; Beifall klatschen
**beige** (sandfarben)
das **Beil**, die Beile
das **Bei|leid**; jemandem sein Beileid
aussprechen
**beim** (bei dem)
das **Bein**, die Beine
**bei|na|he** (fast)
**bei|sam|men**; beisammen sein
das **Bei|spiel**, die Beispiele;
zum Beispiel [z. B.]
**bei|ßen**, er beißt, ich biss,
ich habe gebissen; der Biss
der **Bei|trag**, die Beiträge

**be|ja|hen**, sie bejaht
**be|kannt**; der Bekannte, die Bekannten; die Bekanntschaft
die **Be|klei|dung**
**be|kom|men** → kommen
**be|las|ten**; die Belastung
**be|läs|ti|gen**; die Belästigung
**be|lei|di|gen**; die Beleidigung; beleidigt
**be|leuch|ten**; die Beleuchtung
**Bel|gi|en**; der Belgier, die Belgier, die Belgierin; belgisch
**Bel|grad** (Hauptstadt von Jugoslawien)
**be|lie|big**; beliebig oft
**be|liebt**; die Beliebtheit
**bel|len**, er bellt, er bellte, er hat gebellt; das Gebell
**be|loh|nen**; die Belohnung
**be|mer|ken** → merken; die Bemerkung
sich **be|mü|hen**; die Bemühung
**be|nach|rich|ti|gen**
sich **be|neh|men** → nehmen; benimm dich!; das Benehmen
**be|nei|den**, er beneidet ihn
der **Ben|gel**, die Bengel
**be|nö|ti|gen** (brauchen)
**be|nut|zen**; die Benutzung
das **Ben|zin**; der Benzinkanister
**be|ob|ach|ten [be|o|bach|ten]**, sie beobachtet; die Beobachtung
**be|quem**; die Bequemlichkeit
**be|ra|ten**, sie berät, ich beriet, ich habe beraten; die Beratung
**be|rech|tigt**; die Berechtigung
der **Be|reich**, die Bereiche
**be|reit**; bereit sein; die Bereitschaft
**be|reits**; sie ist bereits da
**be|reu|en**; er bereut es
der **Berg**, die Berge; bergig; bergab; das Bergwerk

**ber|gen**, er birgt, ich barg, ich habe geborgen
**be|rich|ten**; der Bericht, die Berichte
**be|rich|ti|gen**; die Berichtigung
**Ber|lin**; der Berliner, die Berliner, die Berlinerin; berlinisch
**Bern** (Hauptstadt der Schweiz)
**be|rüch|tigt**
**be|rück|sich|ti|gen**, er berücksichtigt
der **Be|ruf**, die Berufe; berufstätig

**be|ru|hi|gen**; die Beruhigung
**be|rühmt**; die Berühmtheit
**be|rüh|ren**; die Berührung
**be|schä|di|gen**; beschädigt; die Beschädigung
**be|schäf|ti|gen**; beschäftigt; die Beschäftigung
der **Be|scheid**, die Bescheide; Bescheid wissen
**be|schei|den**; die Bescheidenheit
die **Be|schei|ni|gung**, die Bescheinigungen; bescheinigen
**be|sche|ren**; die Bescherung
**be|schleu|ni|gen**; die Beschleunigung
**be|schlie|ßen** → schließen; der Beschluss, die Beschlüsse
**be|schrei|ben** → schreiben; die Beschreibung
**be|schüt|zen** → schützen
sich **be|schwe|ren**; die Beschwerde
der **Be|sen**, die Besen
**be|sich|ti|gen**; die Besichtigung
**be|sie|gen**; der Besiegte, die Besiegten; die Besiegte
sich **be|sin|nen**, sie besinnt sich; die Besinnung; besinnungslos
**be|sit|zen**; der Besitz; der Besitzer
**be|son|ders**; die Besonderheit

**be|sor|gen**; die Besorgung; besorgt sein
**be|spre|chen** → sprechen; die Besprechung
**bes|ser** → gut; am besten
**be|ste|chen** → stechen; die Bestechung
das **Be|steck**, die Bestecke
**be|ste|hen** → stehen
**be|stel|len** → stellen; die Bestellung
die **Bes|tie** (wildes Tier), die Bestien
**be|stim|men**, sie bestimmt; die Bestimmung
**be|stra|fen**; die Bestrafung
die **Be|strah|lung**; bestrahlen
**be|strei|ten** → streiten
der **Be|such**, die Besuche; besuchen; der Besucher, die Besucher
**be|täu|ben**; die Betäubung; betäubt
**be|tei|li|gen**; die Beteiligung
**be|ten**; das Gebet, die Gebete
der **Be|ton**; betonieren
die **Be|to|nung**; betonen
**be|trach|ten**; die Betrachtung
der **Be|trag**, die Beträge
**be|treu|en**; die Betreuung
der **Be|trieb**, die Betriebe
**be|trü|ben**; es betrübt mich

**be|trü|gen**, er betrügt, ich betrog, ich habe betrogen; der Betrug; der Betrüger, die Betrüger; die Betrügerin

**be|trun|ken**; der Betrunkene

das **Bett**, die Betten; zu Bett gehen; die Bettdecke

**bet|teln**; der Bettler, die Bettler; die Bettlerin

**beu|gen**; die Kniebeuge

die **Beu|le**, die Beulen

**be|ur|tei|len**; die Beurteilung

die **Beu|te**; die Jagdbeute; erbeuten

der **Beu|tel**, die Beutel

die **Be|völ|ke|rung**

**be|vor**; bevor ich komme, rufe ich an

**be|vor|zu|gen** (etwas lieber mögen), sie bevorzugt Pizza; bevorzugt

**be|wäs|sern**; die Bewässerung

**be|we|gen**; die Bewegung

**be|weg|lich**; bewegt

der **Be|weis**, die Beweise; beweisen

**be|wer|ben** → werben; die Bewerbung

**be|wir|ten**; sie bewirtet uns; die Bewirtung

**be|woh|nen** → wohnen; der Bewohner, die Bewohner

**be|wölkt**; die Bewölkung

**be|wun|dern**; die Bewunderung

**be|wusst**; bewusstlos; das Bewusstsein

**be|zah|len**; die Bezahlung

die **Be|zeich|nung**; bezeichnen

**be|zie|hungs|wei|se** [bzw.]

der **Be|zirk**, die Bezirke

die **Bi|bel**, die Bibeln

der **Bi|ber**, die Biber

die **Bib|li|o|thek [Bi|bli|o|thek]**, die Bibliotheken

**bie|gen**, er biegt; biegsam; abbiegen; die Biegung, die Biegungen

die **Bie|ne**, die Bienen

das **Bier**, die Biere

**bie|ten**, sie bietet, ich bot, ich habe geboten; das Gebot

der **Bi|ki|ni** (zweiteiliger Badeanzug), die Bikinis

das **Bild**, die Bilder

**bil|den**; die Bildung

**bil|lig**

ich **bin** → sein

**bin|den**, er bindet, ich band, ich habe gebunden; die Binde; die Bindung; der Bindestrich; der Bindfaden

die **Bi|o|lo|gie**; der Biologieunterricht



P Qu R S T U V W X Y Z

das [der] **Bi|o|top** (Lebensraum von Pflanzen und Tieren), die Biotope
die **Bir|ke**, die Birken
die **Bir|ne**, die Birnen
**bis**; bis Hamburg; bis heute
der **Bi|schof**, die Bischöfe
**bis|her**
der **Biss**, die Bisse; bissig
**biss|chen**; ein bisschen
du **bist** → sein
**bit|ten**, sie bittet, ich bat, ich habe gebeten; die Bitte
**bit|ter**; die Bitterkeit
**bla|mie|ren**; die Blamage
**blank**
**blan|ko** (leer, nicht ausgefüllt)
die **Bla|se**, die Blasen; das Bläschen
**bla|sen**, er bläst, ich blies, ich habe geblasen
**blass**, blasser, am blassesten; die Blässe
das **Blatt**, die Blätter; blättern
**blau**; bläulich; die Blaubeere
das **Blech**, die Bleche; blechern
das **Blei**; bleiern
**blei|ben**, er bleibt, ich blieb, ich bin geblieben; die Bleibe; stehen bleiben; sitzen bleiben
**bleich**; das Bleichgesicht

der **Blei|stift**, die Bleistifte
**blen|den**; die Blendung
**bli|cken**; der Blick, die Blicke
**blind**; der Blinde
der **Blind|darm**; die Blinddarmentzündung
**blin|ken**; der Blinker (am Auto)
**blin|zeln**, ich blinzele [blinzle]
der **Blitz**, die Blitze; blitzen; blitzschnell
der **Block**, die Blöcke
die **Block|flö|te**, die Blockflöten
**blöd** [blöde]; der Blödsinn
**blö|ken**; das Schaf blökt
**blond**
**bloß** (nur); bloß ein Euro
**bloß** (nackt); mit bloßen Füßen
**blub|bern**, es blubbert
**blü|hen**, es blüht; verblüht
die **Blu|me**, die Blumen
der **Blu|men|kohl**
die **Blu|se**, die Blusen
die **Blü|te**, die Blüten
**blu|ten**; das Blut; blutig
die **Bö** [Böe] (Windstoß), die Böen; böig
der **Bob|schlit|ten**, die Bobschlitten
der **Bock**, die Böcke; bockig
der **Bo|den**, die Böden

der **Bo|gen**, die Bogen [Bögen]
die **Boh|ne**, die Bohnen
**boh|nern**; der Boden wird gebohnert; das Bohnerwachs
**boh|ren**; der Bohrer, die Bohrer; die Bohrmaschine
der **Boi|ler** (Warmwasserbereiter), die Boiler
die **Bo|je** (Seezeichen), die Bojen
**bol|zen** (Fußball spielen); der Bolzplatz
die **Bom|be**, die Bomben; bombardieren
der **Bon** (Kassenzettel), die Bons
der [das] **Bon|bon**, die Bonbons
das **Boot**, die Boote
das **Bord**, die Borde; der Bordstein; das Bücherbord; an Bord gehen
**bor|gen**; Geld borgen
die **Bör|se**, die Börsen
die **Bors|te**, die Borsten; borstig
**bö|se**; bösartig; boshaft; nichts Böses; der Bösewicht
die **Bö|schung**, die Böschungen
**Bos|ni|en-Her|ze|go|wi|na**
der **Boss**, die Bosse
der **Bo|te**, die Boten; die Botschaft
die **Bou|tique** (kleiner Laden), die Boutiquen

**bo|xen**, er boxt; der Boxer, die Boxer; die Boxerin; der Boxkampf
der **Brand**, die Brände
**Bran|den|burg**; der Brandenburger, die Brandenburger, die Brandenburgerin; brandenburgisch
die **Bran|dung**, die Brandungen
**bra|ten**, er brät, ich briet, ich habe gebraten; der Braten
der **Brauch**, die Bräuche
**brau|chen**, er braucht, ich brauchte, ich habe gebraucht
die **Brau|e|rei**, die Brauereien
**braun**; bräunlich; sich bräunen
**brau|sen**; die Brause
die **Braut**, die Bräute; das Brautpaar
der **Bräu|ti|gam**, die Bräutigame
**brav**
**bra|vo**!
**bre|chen**, er bricht, ich brach, ich habe gebrochen; der Bruch
der **Brei**, die Breie; breiig
**breit**; die Breite
**Bre|men**; der Bremer, die Bremer, die Bremerin; bremisch

**brem|sen**, er bremst;
die Bremse, die Bremsen
**bren|nen**, es brennt, es brannte,
es hat gebrannt
die **Brenn|nes|sel**, die Brennnesseln
**brenz|lig** (gefährlich)
das **Brett**, die Bretter
die **Bre|zel**, die Brezeln
der **Brief**, die Briefe; brieflich;
die Briefmarke
der **Bril|lant** (geschliffener
Diamant),
die Brillanten
die **Bril|le**, die Brillen;
das Brillenetui

**brin|gen**, er bringt, ich brachte,
ich habe gebracht
die **Bri|se** (leichter Wind),
die Brisen
der **Bro|cken**, die Brocken; bröckeln;
bröckelig [bröcklig]
**bro|deln**, es brodelt
der **Brok|ko|li** [Broccoli]
die **Brom|bee|re**, die Brombeeren
die **Bron|chi|tis** (Krankheit);
die Bronchien
die **Bron|ze**; die Bronzemedaille
die **Bro|schü|re** (kleines Heft),
die Broschüren

das **Brot**, die Brote;
das Brötchen, die Brötchen
der **Bruch**, die Brüche; brüchig
die **Brü|cke**, die Brücken
der **Bru|der**, die Brüder; brüderlich
die **Brü|he**, die Brühen; brühen
**brül|len**; das Gebrüll
**brum|men**; der Brummer
**brü|nett** (braunhaarig)
der **Brun|nen**, die Brunnen
**Brüs|sel**
(Hauptstadt von Belgien)
die **Brust**, die Brüste
**bru|tal**; die Brutalität
**brü|ten**; die Brut; der Brutkasten
**brut|zeln** (braten);
das Essen brutzelt im Ofen
der **Bub** [der Bube], die Buben
das **Buch**, die Bücher;
das Bücherbord; die Bücherei;
die Buchhändlerin
die **Bu|che**, die Buchen;
die Buchecker; der Buchfink
die **Büch|se**, die Büchsen
der **Buch|sta|be**, die Buchstaben;
buchstabieren
die **Bucht**, die Buchten
der **Bu|ckel**, die Buckel; bucklig [buckelig]
sich **bü|cken**, er bückt sich

Bu|da|pest
(Hauptstadt von Ungarn)
die **Bu|de**, die Buden
der **Büf|fel**, die Büffel
das **Büf|fet** [Buffet] (Tisch mit Speisen zum Selbstbedienen), die Büffets
der **Bü|gel**, die Bügel
**bü|geln**; das Bügeleisen
die **Büh|ne**, die Bühnen

**Bul|ga|ri|en**; der Bulgare, die Bulgaren, die Bulgarin; bulgarisch
der **Bul|le**, die Bullen
der **Bu|me|rang**, die Bumerangs
**bum|meln**; der Bummel
das **Bund** (Zusammengebundenes), die Bunde; das Schlüsselbund
der **Bund** (Vereinigung), die Bünde
der **Bun|des|kanz|ler**
die **Bun|des|li|ga**
der **Bun|des|prä|si|dent**

Bu

die **Bun|des|re|pu|blik** **[Bun|des|re|pub|lik]**
die **Bun|des|stra|ße**
die **Bun|des|wehr**
das **Bün|del**, die Bündel; bündeln
das **Bünd|nis**, die Bündnisse; verbündet
der **Bun|ker**, die Bunker
**bunt**; der Buntstift; das Buntpapier; der Buntspecht
die **Burg**, die Burgen
**bür|gen** (für jemanden haften); der Bürge; die Bürgin
der **Bür|ger**, die Bürger; die Bürgerin, die Bürgerinnen; der Bürgermeister; der Bürgersteig
das **Bü|ro**, die Büros
der **Bur|sche**, die Burschen
die **Bürs|te**, die Bürsten; bürsten
der **Bus**, die Busse; die Buslinie
der **Busch**, die Büsche; buschig
das **Bü|schel**, die Büschel
der **Bu|sen**, die Busen
der **Bus|sard**, die Bussarde
**bü|ßen**; die Buße; der Bußtag
die **But|ter**; butterweich; die Buttermilch



P Qu R S T U V W X Y Z

das **Ca|fé**, die Cafés; die Cafeteria
das **Cam|ping**; campen;
der Campingplatz
die **CD** (Compactdisc), die CDs;
die CD-ROM; der CD-Player
das **Cel|lo** (Musikinstrument),
die Cellos [Celli]
**Cel|si|us**; 9 Grad Celsius [9°C]
der **Cent** [ct], die Cent [Cents]
das **Cha|mä|le|on** (Echse),
die Chamäleons
der **Cham|pig|non [Cham|pi|gnon]**,
die Champignons
der **Cham|pi|on** (Gewinner),
die Champions
die **Chan|ce**, die Chancen
das **Cha|os**; chaotisch
der **Cha|rak|ter**; charakteristisch
der **Chef**, die Chefs; die Chefin
die **Che|mie**; chemisch
**Chi|na**; der Chinese, die Chinesen,
die Chinesin; chinesisch



der **Chip**, die Chips
der **Chi|rurg [Chir|urg]**, die Chirurgen
das **Chlor**; das Chlorwasser
der **Chor**, die Chöre; der Choral
der **Christ**, die Christen; christlich;
Christus; der Christbaum
das **Chrom**; verchromt
**cir|ca** [zirka, ca.] (ungefähr)
die **Ci|ty** (Innenstadt), die Citys
die **Cli|que** (Gruppe), die Cliquen
der **Clown**, die Clowns
das **Cock|pit** (Pilotenkabine),
die Cockpits
die **Col|la|ge** (geklebtes Bild),
die Collagen
der **Co|mic**, die Comics
der **Com|pu|ter**, die Computer
der **Con|tai|ner**, die Container
**cool**
die **Couch** (Sofa),
die Couches [Couchen]
der **Cou|sin**, die Cousins;
die Cousine [Kusine]
der **Cow|boy**, die Cowboys
die **Creme** [Krem, Kreme],
die Cremes; cremen
das **Crois|sant** (Hörnchen), die Croissants
der [das] **Cur|ry** (Gewürz);
die Currywurst

U V W X Y Z

**da**; da und dort; da sein, er ist da

**da|bei**

das **Dach**, die Dächer

der **Dachs**, die Dachse

der **Da|ckel**, die Dackel

**da|durch**; dadurch, dass …

**da|für**; ich bin dafür, dass …

**da|ge|gen**

**da|heim**; daheim bleiben

**da|her**

**da|hin**

**da|hin|ter**

**da|mals**

die **Da|me**, die Damen

**da|mit**

**däm|lich**; die Dämlichkeit

der **Damm**, die Dämme; dämmen; eindämmen

die **Däm|me|rung**; dämmern; dämmerig [dämmrig]

der **Dampf**, die Dämpfe; dampfen; dämpfen (mit Dampf kochen)



der **Damp|fer**, die Dampfer

**da|nach**

**da|ne|ben**

**Dä|ne|mark**; der Däne, die Dänen, die Dänin; dänisch

**dan|ken**; dankbar; der Dank

**dann**; dann und wann

**da|ran [dar|an]**

**da|rauf [dar|auf]**

**da|raus [dar|aus]**

**da|rein [dar|ein]** [drein]; dareinreden

**da|rin [dar|in]** [drin]

der **Darm**, die Därme

**dar|stel|len**; die Darstellung; der Darsteller; die Darstellerin

**da|rü|ber [dar|ü|ber]** [drüber]

**da|rum [dar|um]** [drum]

**da|run|ter [dar|un|ter]** [drunter]

**das** (der, die, das); das Lied

**dass**; ich möchte, dass …

**das|sel|be**; ein und dasselbe

der **Da|tiv** (3. Fall, Wemfall)

die **Dat|tel**, die Datteln

das **Da|tum**, die Daten

**dau|ern**; es dauert lange

**dau|ernd**; dauerhaft; die Dauer

der **Dau|men**, die Daumen

**da|von**; davonlaufen

**da|vor**



Qu R S T U V W X Y Z

**da|zu**
**da|zwi|schen**
das **Deck** (Stockwerk im Schiff), die Decks [Decke]
die **De|cke**, die Decken
der **De|ckel**, die Deckel
**de|cken**; zudecken; die Deckung
**de|fekt** (kaputt); der Defekt
**deh|nen**; die Dehnung
der **Deich** (Damm), die Deiche
die **Deich|sel**, die Deichseln
**dein**; deine; deiner; deinetwegen
**de|ko|rie|ren** (schmücken); die Dekoration
der **Del|fin** [Delphin], die Delfine
die **De|li|ka|tes|se**, die Delikatessen
die **Del|le** (Beule), die Dellen
**dem**; vor dem Haus
**dem|nächst**
die **De|mo|kra|tie**, die Demokratien; demokratisch
**de|mons|trie|ren [de|monst|rie|ren]**; die Demonstration
die **De|mut**; demütig
**den**; ich nehme den Stift
**de|nen**; Kinder, mit denen ich spiele
**den|ken**, er denkt, ich dachte, ich habe gedacht; das Denken
das **Denk|mal**, die Denkmäler [Denkmale]

**denn**
**den|noch**
**der** (der, die, das); der Hund
**de|ren**; Väter, deren Kinder krank sind
**der|je|ni|ge**, diejenige, dasjenige
**der|sel|be**, dieselbe, dasselbe
**des**; die Brille des Mannes
**des|halb**
**des|sen**; der Junge, dessen Heft fehlt
das **Des|sert** (Nachspeise), die Desserts
**des|to**; desto besser
**des|we|gen**
der **De|tek|tiv**, die Detektive; die Detektivin
**deut|lich**; die Deutlichkeit
**deutsch**; deutsche Städte; das Deutsch (die Sprache); er kann schon gut Deutsch; Deutschland; der Deutsche, die Deutschen, die Deutsche
der **De|zem|ber**
der **De|zi|me|ter** [dm], die Dezimeter
das **Dia** (Lichtbild), die Dias; der Diaprojektor
der **Di|a|lekt** (Mundart), die Dialekte
der **Di|a|mant**, die Diamanten
die **Di|ät** (Schonkost)
**dich**; dich kenne ich
**dicht**; die Dichte

**dich|ten**; der Dichter
**dick**; das Dickicht
**die** (der, die, das); die Schule
der **Dieb**, die Diebe; der Diebstahl
die **Die|le**, die Dielen
**die|nen**; bedienen; verdienen; der Diener, die Diener; die Dienerin
der **Dienst**, die Dienste; dienstlich
der **Diens|tag**; der Dienstagabend; am Dienstagmorgen; dienstags
der **Die|sel**; der Dieselmotor
**dies**, diese, dieser, dieses
**die|sem**, diesen
**die|sig** (neblig)
die **Dif|fe|renz** (Unterschied, Streit), die Differenzen
**di|gi|tal**; die Digitaluhr
das **Dik|tat**, die Diktate; diktieren
der **Dill** (Kräuterpflanze); die Dillsoße
das **Ding**, die Dinge
der **Di|no|sau|ri|er**, die Dinosaurier
das **Di|plom [Dip|lom]** (Urkunde), die Diplome
**dir**; wie geht es dir?
**di|rekt**; der direkte Weg
der **Di|rek|tor**, die Direktoren; die Direktorin, die Direktorinnen
der **Di|ri|gent**, die Dirigenten; die Dirigentin; dirigieren

das **Dirndl** (Trachtenkleid), die Dirndl
die **Dis|ket|te** (Datenspeicher), die Disketten
die **Dis|ko|thek** [Disko, Disco] (Tanzlokal), die Diskotheken; der Diskjockey
die **Dis|kus|si|on**, die Diskussionen; diskutieren
**dis|qua|li|fi|zie|ren** (vom Wettkampf ausschließen); disqualifiziert
die **Dis|tanz [Di|stanz]** (Entfernung)
die **Dis|tel**, die Disteln
die **Dis|zi|plin [Dis|zip|lin]** (Ordnung); diszipliniert
**di|vi|die|ren** (teilen); die Division
**doch**
der **Docht**, die Dochte; der Kerzendocht
die **Dog|ge** (Hunderasse), die Doggen
der **Dok|tor** [Dr.], die Doktoren; die Doktorin
der **Dolch**, die Dolche
der **Dol|lar**, die Dollars
der **Dol|met|scher** (Übersetzer)
der **Dom** (Kirche), die Dome
das **Do|mi|no**, die Dominos; die Dominosteine
der **Domp|teur** (Tierbändiger), die Dompteure; die Dompteuse
die **Do|nau** (Fluss)

der **Dö|ner** (türkische Speise), die Döner
**don|nern**; der Donner
der **Don|ners|tag**; donnerstags
**doof**; die Doofheit
das **Do|ping** (unerlaubte Einnahme von Medikamenten beim Sport); dopen
**dop|pelt**; verdoppeln; das Doppelte
das **Dorf**, die Dörfer
der **Dorn**, die Dornen; dornig
**dort**; dorthin; von dort
**Dort|mund**
die **Do|se**, die Dosen
**dö|sen** (halb schlafen), er döst
der [das] **Dot|ter** (Eigelb), die Dotter; dottergelb
der **Dra|che** (Fabeltier), die Drachen
der **Dra|chen** (Fluggerät), die Drachen
der **Draht**, die Drähte; drahtig
das **Dra|ma**, die Dramen; dramatisch
**dran**; drauf und dran
**drän|geln**; die Drängelei
**drän|gen**; das Gedränge
**drau|ßen**
**dre|ckig**; verdreckt; der Dreck
**dre|hen**, er dreht; der Dreher; die Drehung
**drei**; dreizehn; dreißig; dreihundert; dreifach; um drei; die Drei; die Dreiviertelstunde

das **Drei|eck**, die Dreiecke; dreieckig
**dre|schen**; die Dreschmaschine
**Dres|den**
**dres|sie|ren**; die Dressur
**drib|beln** (Fußballbegriff), er dribbelt; das Dribbling
**drin** [darin]
**drin|gen**; er dringt auf eine Lösung; ich drang, ich habe gedrungen
**drin|gend** (eilig)
**drin|nen**
**drit|tens**; zum dritten Mal; das Drittel; zu dritt; der Dritte
die **Dro|ge**, die Drogen
die **Dro|ge|rie**, die Drogerien; der Drogist; die Drogistin
**dro|hen**; drohend; die Drohung
**dröh|nen**; dröhnend
**drol|lig** (lustig)
das **Dro|me|dar** (Kamelart), die Dromedare

der [das] **Drops** (Fruchtbonbon), die Drops
die **Dros|sel** (Vogelart), die Drosseln

der **Druck**, die Drucke; drucken; der Drucker; die Druckerei
**drü|cken**; der Druckknopf
**drun|ter**; drunter und drüber
die **Drü|se**, die Drüsen
der **Dschun|gel** (dichter Urwald)
**du**
der **Dü|bel**, die Dübel
**Dub|lin** (Hauptstadt der Republik Irland)
sich **du|cken**, er duckt sich
das **Du|ell**, die Duelle
der **Duft**, die Düfte; duften; duftig
**Duis|burg**
**dul|den**; duldsam
**dumm**, dümmer, am dümmsten; dümmlich; die Dummheit
**dumpf**
die **Dü|ne** (Sandhügel), die Dünen
der **Dün|ger**; düngen; der Dung
**dun|kel**; dunkelblau; verdunkeln; die Dunkelheit
**dünn**; durch dick und dünn
der **Dunst**, die Dünste; verdunsten
das **Dur** (Tonart); ein Lied in C-Dur
**durch**; durchaus; durcheinander
der **Durch|blick**; durchblicken



die **Durch|blu|tung**; durchblutet
der **Durch|fall**, die Durchfälle
**durch|füh|ren**; die Durchführung
**durch|hal|ten** → halten
**durch|las|sen** → lassen; durchlässig
der **Durch|mes|ser**
der **Durch|schnitt**; durchschnittlich
sich **durch|set|zen** → setzen
**durch|sich|tig**; die Durchsicht
**durch|su|chen**; die Durchsuchung
**dür|fen**, sie darf, ich durfte, ich habe gedurft
**dürf|tig** (ärmlich)
**dürr**; die Dürre
der **Durst**; durstig; verdursten
**du|schen**; die Dusche
die **Dü|se**, die Düsen; das Düsenflugzeug
**Düs|sel|dorf**
**düs|ter** [duster]
das **Dut|zend** (12 Stück), die Dutzende; dutzendweise
**du|zen**; ihr duzt euch
**dy|na|misch** (schwungvoll)
das **Dy|na|mit** (Sprengstoff)
der **Dy|na|mo**, die Dynamos
der **D-Zug**, die D-Züge

# Eb bis Eg

die **Eb|be**; Ebbe und Flut

**e|ben** (flach); zu ebener Erde; die Ebene, die Ebenen; ebnen

**e|ben** (soeben); du bist eben gekommen

**e|ben** (gleich); ebenfalls; ebenso gut; ebenso oft

der **E|ber** (männliches Schwein), die Eber

das **E|cho**, die Echos

**echt**; die Echtheit

die **E|cke**, die Ecken; eckig; der Eckschrank

**e|del**; veredeln; die Edeltanne

die **EDV** (elektronische Datenverarbeitung)

der **E|feu**; die Efeuranke

der **Ef|fekt** (Wirkung), die Effekte

**e|gal**; das ist mir egal

**e|go|is|tisch** (selbstsüchtig); der Egoist; die Egoistin; der Egoismus

# Eh bis Ei

die **E|he**, die Ehen; das Ehepaar; die Ehefrau; der Ehemann

**e|he**, eher, am ehesten; ehe du kamst, …

die **Eh|re**, die Ehren; ehren; verehren; das Ehrenwort

der **Ehr|geiz**; ehrgeizig

**ehr|lich**; die Ehrlichkeit

das **Ei**, die Eier; das Eigelb; das Eiweiß; eiförmig

die **Ei|che**, die Eichen

die **Ei|chel**, die Eicheln

das **Eich|hörn|chen**, die Eichhörnchen

die **Ei|dech|se**, die Eidechsen

die **Ei|fer|sucht**; eifersüchtig

**eif|rig**; der Eifer

**ei|gen**; ein eigenes Haus

**ei|gen|ar|tig**; die Eigenart

die **Ei|gen|schaft**, die Eigenschaften

der **Ei|gen|sinn**; eigensinnig

**ei|gent|lich**

das **Ei|gen|tum**; der Eigentümer, die Eigentümer; die Eigentümerin

sich **eig|nen**; geeignet

**ei|len**; eilig; die Eile

der **Ei|mer**, die Eimer

**ein**; eine; einem; einen; einer; eines; eineinhalb [anderthalb]

**ein|an|der [ei|nan|der]**

Ei

die **Ein|bahn|stra|ße**

der **Ein|band**, die Einbände

die **Ein|bil|dung**, die Einbildungen; eingebildet; sich etwas einbilden

der **Ein|bre|cher**, die Einbrecher; einbrechen → brechen

**ein|deu|tig**

**ein|drin|gen** → dringen; eindringlich

der **Ein|druck**, die Eindrücke; eindrucksvoll

**ei|ner|lei**; das ist mir einerlei

**ein|fach**

**ein|fä|deln**

die **Ein|fahrt**, die Einfahrten

der **Ein|fall**, die Einfälle; einfallsreich; einfallen → fallen

**ein|fäl|tig** (leichtgläubig)

der **Ein|fluss**, die Einflüsse; einflussreich; beeinflussen

der **Ein|gang**, die Eingänge

**ein|ge|bil|det**

die **Ein|ge|wei|de** (innere Körperorgane wie Herz, Lunge)

**ein|gie|ßen** → gießen

die **Ein|heit**, die Einheiten; einheitlich

**ei|nig**; die Einigkeit; sich einigen; vereinigen

**ei|ni|ge**; einiges; einigermaßen

der **Ein|kauf**, die Einkäufe; einkaufen; das Einkaufszentrum

das **Ein|kom|men**, die Einkommen

**ein|la|den**, sie lädt ein, ich lud ein, ich habe eingeladen; die Einladung; einladend

der **Ein|lass**; einlassen → lassen

die **Ein|lei|tung**, die Einleitungen

**ein|ma|chen**; sie macht Obst ein

**ein|mal**; auf einmal; einmalig

das **Ein|mal|eins**

die **Ein|nah|me**, die Einnahmen; einnehmen → nehmen

**ein|pa|cken** → packen; eingepackt

**ein|prä|gen**; einprägsam

die **Ein|rich|tung**, die Einrichtungen

**eins**; es ist eins (1 Uhr); die Eins im Zeugnis; der Einser

**ein|sam**; die Einsamkeit

der **Ein|satz**, die Einsätze

**ein|schen|ken**; Tee einschenken

**ein|schla|fen** → schlafen

**ein|schlie|ßen** → schließen; einschließlich; eingeschlossen

**ein|schu|len**; sie wird eingeschult; die Einschulung

**ein|sei|tig**

die **Ein|sicht**, die Einsichten; einsichtig; einsehen

**ein|sper|ren**
**einst**; einstmals; einstweilen
**ein|stei|gen** → steigen
**ein|stim|mig**
die **Ein|tei|lung**, die Einteilungen; einteilen
**ein|tre|ten** → treten; der Eintritt; die Eintrittskarte
**ein|ver|stan|den**
der **Ein|wand**, die Einwände; einwandfrei
der **Ein|woh|ner**, die Einwohner; die Einwohnerin
die **Ein|zahl**; Einzahl und Mehrzahl
die **Ein|zel|heit**, die Einzelheiten
**ein|zeln**; einzelne Wörter; jeder Einzelne
**ein|zie|hen** → ziehen; der Einzug
**ein|zig**; einzige; einzigartig
das **Eis**, zwei Eis; eiskalt; eisig; Eis laufen, ich laufe Eis; die Eisbahn; das Eishockey

das **Ei|sen**, die Eisen; eisern; die Eisenbahn
**ei|tel**; die Eitelkeit
der **Ei|ter**; eitern; eitrig
sich **e|keln**, ich ekele [ekle] mich; der Ekel; ekelig [eklig]



**e|las|tisch** (biegsam); die Elastizität
die **El|be** (Fluss)
der **Elch**, die Elche
der **E|le|fant**, die Elefanten
**e|le|gant**; die Eleganz
**e|lekt|risch [e|lek|trisch]**; die Elektrizität; der Elektriker, die Elektriker
das **E|le|ment**, die Elemente
das **E|lend**; mir ist elend; elendig
**elf**; der Elfmeter
die **El|fe** (Märchengestalt), die Elfen
das **El|fen|bein** (Material der Elefantenstoßzähne)
der **Ell|bo|gen** [Ellenbogen], die Ellbogen
die **Els|ter** (Vogelart), die Elstern
die **El|tern**; die Großeltern; der Elternabend; das Elternhaus
die [das] **E-Mail** (elektronische Post), die E-Mails; die E-Mail-Adresse
**emp|fan|gen**, er empfängt, ich empfing, ich habe empfangen; der Empfang; der Empfänger
**emp|feh|len**, sie empfiehlt, ich empfahl, ich habe empfohlen; die Empfehlung; empfehlenswert
**emp|fin|den**, er empfindet, ich empfand, ich habe empfunden; die Empfindung; empfindlich

**em|por**; emporsteigen
sich **em|pö|ren**; die Empörung; empörend
**em|sig** (fleißig)
das **En|de**, die Enden; am Ende; zu Ende sein; beenden;
**end|gül|tig**; endlich; enden; endlos
die **E|ner|gie**, die Energien; energisch
**eng**; die Enge; der Engpass
der **En|gel**, die Engel
**Eng|land**; der Engländer, die Engländer, die Engländerin; englisch; auf Englisch
der **En|kel**, die Enkel; die Enkelin, die Enkelinnen
**e|norm** (außerordentlich)
**ent|beh|ren**; die Entbehrung
die **Ent|bin|dung** (Geburt); entbinden
**ent|de|cken**; die Entdeckung
die **En|te**, die Enten; der Enterich
**ent|fer|nen**; die Entfernung; entfernt
**ent|füh|ren**; die Entführung
**ent|ge|gen**
**ent|geg|nen**; die Entgegnung
**ent|glei|sen**; die Entgleisung
**ent|hal|ten** → halten; die Enthaltung
**ent|kom|men** → kommen
**ent|lang**; den Weg entlang
**ent|las|sen** → lassen
**ent|lau|fen** → laufen

sich **ent|rüs|ten**; die Entrüstung
die **Ent|schä|di|gung**, die Entschädigungen
**ent|schei|den**, sie entscheidet, ich entschied, ich habe entschieden; die Entscheidung
sich **ent|schlie|ßen**, er entschließt sich, ich entschloss mich, ich habe mich entschlossen; der Entschluss, die Entschlüsse
**ent|schul|di|gen**; die Entschuldigung
das **Ent|set|zen**; entsetzlich
**ent|span|nen**; die Entspannung
**ent|spre|chen** → sprechen; entsprechend
**ent|ste|hen**; die Entstehung
**ent|täu|schen**; die Enttäuschung; enttäuscht; enttäuschend
**ent|wäs|sern**; die Entwässerung
**ent|we|der** … oder …
**ent|wer|fen**, sie entwirft, ich entwarf, ich habe entworfen; der Entwurf, die Entwürfe
**ent|wer|ten**; Fahrkarten entwerten
**ent|wi|ckeln**; die Entwicklung
**ent|zif|fern** (den Sinn herausfinden)
**ent|zü|ckend**; das Entzücken
die **Ent|zün|dung**, die Entzündungen; entzündet

U V W X Y Z

**ent|zwei**; die Tasse ist entzwei
**er**; er ist mein Freund
das **Er|bar|men**; erbärmlich; sich erbarmen
**er|ben**; der Erbe, die Erben; die Erbin; das Erbe
**er|bli|cken**
**er|bost** sein, sie ist erbost
die **Erb|se**, die Erbsen
das **Erd|be|ben**, die Erdbeben
die **Erd|bee|re**, die Erdbeeren
die **Er|de**; der Erdboden; der Erdball

das **Erd|gas**
die **Erd|nuss**, die Erdnüsse
das **Erd|öl**
das **Er|eig|nis**, die Ereignisse; sich ereignen; ereignisreich
**er|fah|ren**, sie erfährt, ich erfuhr, ich habe erfahren; die Erfahrung, die Erfahrungen
**er|fin|den** → finden; die Erfindung
der **Er|folg**, die Erfolge; erfolgreich
**er|for|schen** → forschen
**er|freu|lich**; erfreuen
**er|frie|ren** → frieren
**er|fri|schen**; erfrischend
**er|fül|len** → füllen; die Erfüllung
**Er|furt**

**er|gän|zen**; die Ergänzung
das **Er|geb|nis**, die Ergebnisse
**er|gie|big**
**er|hit|zen**; du bist erhitzt
die **Er|ho|lung**; sich erholen; erholsam
sich **er|in|nern**; die Erinnerung
die **Er|käl|tung**; sich erkälten
**er|ken|nen** → kennen
**er|klä|ren**, er erklärt; die Erklärung
**er|kran|ken**; die Erkrankung
sich **er|kun|di|gen**; die Erkundigung
**er|lau|ben**; die Erlaubnis; erlaubt
**er|läu|tern**, sie erläutert; die Erläuterung
die **Er|le** (Baumart), die Erlen
**er|le|ben**; er erlebt etwas; das Erlebnis, die Erlebnisse
**er|le|di|gen**; erledigt
**er|leich|tern**; die Erleichterung
**er|lö|sen**; die Erlösung
**er|mah|nen**; die Ermahnung
die **Er|mä|ßi|gung**; ermäßigt
**er|mit|teln**; die Ermittlung
**er|näh|ren**; die Ernährung
**er|neu|ern**, ich erneuere, er erneuert; erneut
**ernst**; ernsthaft; im Ernst
**ern|ten**; die Ernte, die Ernten; das Erntedankfest

**er|o|bern**; die Eroberung

**er|öff|nen** → öffnen; die Eröffnung

**er|pres|sen**; er wird erpresst; die Erpressung; der Erpresser

**er|ra|ten** → raten

die **Er|re|gung**; erregt

**er|rei|chen**; das Ziel erreichen

**er|rich|ten**; das Haus errichten

**er|rö|ten**

der **Er|satz**; ersetzen

**er|schau|dern**, er erschaudert

**er|schei|nen**; die Erscheinung

**er|schöpft**; die Erschöpfung

**er|schre|cken**; einen Schreck bekommen; sie erschrickt, ich erschrak, ich bin erschrocken; jemanden in Schrecken versetzen

**er|schüt|tern**; die Erschütterung

**er|set|zen** → setzen; der Ersatz; das Ersatzteil

**erst** [zuerst]; erstens; erstmalig; der Erste; als Erster; erstklassig

das **Er|stau|nen**; erstaunen; erstaunt

**er|sti|cken**; die Erstickung

**er|tap|pen** (erwischen); sie wird ertappt



**er|tra|gen** → tragen

**er|trin|ken** → trinken

der **Er|wach|se|ne**, die Erwachsenen; die Erwachsene; erwachsen

**er|wäh|nen**; die Erwähnung

**er|war|ten**; die Erwartung

**er|wer|ben** (kaufen) → werben

**er|wi|dern**; die Erwiderung

**er|wi|schen**; sie erwischt ihn

**er|zäh|len**; die Erzählung

**er|zie|hen**; die Erziehung

**es**; es schneit

die **E|sche** (Baumart), die Eschen

der **E|sel**, die Esel

der **Es|ki|mo**, die Eskimos

**es|sen**, er isst, ich aß, ich habe gegessen; das Essen; essbar; der Esslöffel

**Es|sen** (Stadt)

der **Es|sig**, die Essige; die Essiggurke

**Est|land**; der Estländer, die Estländer, die Estländerin; estländisch

die **E|ta|ge** (Stockwerk), die Etagen

die **E|tap|pe** (Teilstrecke), die Etappen

das **E|ti|kett** (Aufkleber), die Etiketten

das **E|tui** (Behälter), die Etuis

**et|wa**

**et|was**; etwas Butter; etwas Gutes

# Eu bis Ex

**euch**; euer; eure; euretwegen

die **Eu|le**, die Eulen

der **Eu|ro** [€], die Euro [Euros]

**Eu|ro|pa**; der Europäer, die Europäer, die Europäerin; europäisch; die Europäische Union [EU]

das [der] **Eu|ter**, die Euter

**e|van|ge|lisch** [ev.]

das **E|van|ge|li|um**, die Evangelien

**e|ven|tu|ell** (vielleicht)

**e|wig**; die Ewigkeit; verewigen

**e|xakt [ex|akt]** (genau)

das **E|xem|plar [Ex|emp|lar]** (Stück), die Exemplare

**e|xis|tie|ren** (vorhanden sein); die Existenz

die **Ex|pe|di|ti|on**, die Expeditionen

das **Ex|pe|ri|ment** (Versuch), die Experimente; experimentieren

**ex|plo|die|ren**; die Explosion

**ex|tra [ext|ra]** (außerdem, besonders)

**ex|trem [ext|rem]** (außerordentlich)

# Fa

die **Fa|bel**, die Fabeln; fabelhaft

die **Fa|brik [Fab|rik]**, die Fabriken; der Fabrikant; die Fabrikantin; fabrizieren

das **Fach**, die Fächer; der Fachmann; die Fachfrau; fachgerecht; vierfach

die **Fa|ckel**, die Fackeln

**fad** [fade] (langweilig)

der **Fa|den**, die Fäden; einfädeln

**fä|hig**; die Fähigkeit

die **Fahn|dung**; fahnden

die **Fah|ne**, die Fahnen

die **Fäh|re**, die Fähren

**fah|ren**, er fährt, ich fuhr, ich bin gefahren; fahrlässig; der Fahrer; die Fahrerin; die Fahrt; das Fahrzeug

das **Fahr|rad**, die Fahrräder

die **Fähr|te** (Spur), die Fährten

**fair** (anständig, ehrlich); die Fairness

der **Fal|ke** (Raubvogel), die Falken

**fal|len**, er fällt, ich fiel,
ich bin gefallen; die Falle;
der Fall, die Fälle; fällig
**fäl|len**; der Holzfäller
**falls**; keinesfalls
**falsch**; die Fälschung; fälschen
**fal|ten**; die Falte, die Falten
der **Fal|ter** (Schmetterling), die Falter
die **Fa|mi|lie**, die Familien;
das Familienfest
der **Fan**, die Fans; der Fanclub
**fan|gen**, er fängt, ich fing,
ich habe gefangen;
der Fang, die Fänge;
der Gefangene; das Gefängnis
die **Fan|ta|sie**, die Fantasien;
fantastisch; fantasieren
die **Far|be**, die Farben; färben;
farbenfroh
die **Farm** (Bauernhof), die Farmen
der **Farn**; das Farnkraut
der **Fa|san** (Vogelart), die Fasane
[Fasanen]
der **Fa|sching** (Karneval)
die **Fa|ser**, die Fasern; faserig
das **Fass**, die Fässer
die **Fas|sa|de** (Vorderseite), die Fassaden
**fas|sen**, er fasst; gefasst;
fass!; die Fassung

**fast** (beinahe)
**fas|ten**; die Fastenzeit; die Fastnacht
das **Fast|food** (schneller Imbiss)
**fau|chen**; die Katze faucht
**faul**; die Faulheit; faulenzen;
der Faulpelz
**fau|len**; verfault; faul
die **Faust**, die Fäuste;
der Faustball; faustdick
das **Fax** (Telefax), die Faxe;
faxen, sie faxt; gefaxt; das Faxgerät
die **Fa|xen** (dumme Späße)
der **Fe|bru|ar [Feb|ru|ar]**
die **Fe|der**, die Federn; der Federball;
federleicht
die **Fee** (Märchengestalt), die Feen
**fe|gen**; der Feger (Besen)
**feh|len**, er fehlt
der **Feh|ler**, die Fehler; fehlerfrei;
fehlerhaft
**fei|ern**; die Feier; feierlich
**fei|ge**; der Feigling; die Feigheit
die **Fei|ge**, die Feigen
**fei|len**; die Feile, die Feilen
**fein**; die Feinheit
der **Feind**, die Feinde; feindlich
das **Feld**, die Felder; der Feldweg
die **Fel|ge** (eines Rades), die Felgen;
die Felgenbremse

das **Fell**, die Felle

der **Fel|sen** [Fels], die Felsen; felsig

das **Fens|ter**, die Fenster

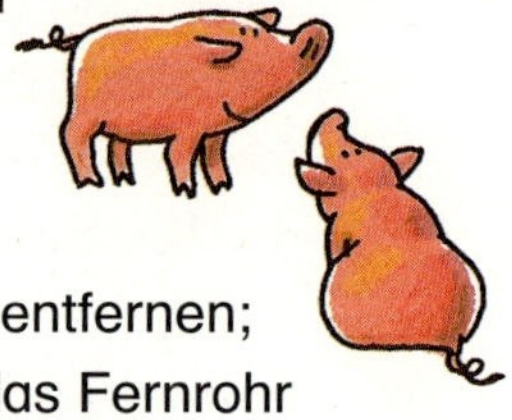

die **Fe|ri|en**

das **Fer|kel**, die Ferkel

**fern**; die Ferne; die Entfernung; sich entfernen; das Ferngespräch; das Fernrohr

der **Fern|se|her**; das Fernsehgerät; fernsehen; beim Fernsehen

die **Fer|se** (Hacke), die Fersen

**fer|tig**; die Fertigstellung

**fes|seln**, ich fessele [fessle]; die Fessel, die Fesseln

**fest**; feststellen; festhalten

das **Fest**, die Feste; festlich

**fett**; fettig; einfetten; das Fett

der **Fet|zen**, die Fetzen; zerfetzt

**feucht**; die Feuchtigkeit

das **Feu|er**, die Feuer; feurig; die Feuerwache; die Feuerwehr; das Feuerwerk

die **Fi|bel**, die Fibeln

die **Fich|te** (Baumart), die Fichten

das **Fie|ber**; fiebern; fiebrig; das Fieberthermometer

er **fiel** → fallen

**fies** (gemein)

die **Fi|gur**, die Figuren



die **Fi|li|a|le** (Zweigstelle), die Filialen

der **Film**, die Filme; filmen

der **Fil|ter**, die Filter

der **Filz**; der Filzstift; der Filzhut

das **Fi|na|le** (Endspiel), die Finale

das **Fi|nanz|amt**; finanzieren; die Finanzen (Mehrzahl)

**fin|den**, er findet, ich fand, ich habe gefunden; der Finder; der Finderlohn; der Fund

der **Fin|ger**, die Finger

der **Fink**, die Finken

**Finn|land**; der Finne, die Finnen, die Finnin; finnisch

**fins|ter**; die Finsternis

die **Fir|ma**, die Firmen

die **Fir|mung**

der **Fisch**, die Fische; fischen

**fit**; das Fitnesstraining

**fix** (gewandt); ein fixes Mädchen

**flach**; die Fläche, die Flächen; das Flachland

**fla|ckern**; die Kerze flackert

die **Flag|ge** (Fahne), die Flaggen

die **Flam|me**, die Flammen

die **Fla|sche**, die Flaschen

**flat|tern**; die Fahne flattert

**flau** (schlecht); die Flaute

der **Flaum**; die Flaumfeder

die **Flech|te** (Ausschlag; Pflanze), die Flechten
**flech|ten**; sie flicht den Zopf; ich flocht, ich habe geflochten
der **Fleck**, die Flecken; fleckig
die **Fle|der|maus**, die Fledermäuse

der **Fle|gel**, die Flegel; flegelhaft
**fle|hen**; flehentlich
das **Fleisch**; fleischig; die Fleischerei
der **Fleiß**; fleißig
**flen|nen** (weinen), er flennt
**flet|schen**; er fletscht die Zähne
**fli|cken**, sie flickt; das Flickzeug; der Flicken, die Flicken
die **Flie|ge**, die Fliegen
**flie|gen**, er fliegt, ich flog, ich bin geflogen; das Flugzeug
**flie|hen**, sie flieht, ich floh, ich bin geflohen; die Flucht
die **Flie|se**, die Fliesen
**flie|ßen**; das Wasser fließt, es floss, es ist geflossen
**flim|mern**; das Licht flimmert
**flink**
die **Flin|te** (Gewehr), die Flinten
**flit|zen**; er flitzt ums Haus
die **Flo|cke**, die Flocken; flockig
der **Floh**, die Flöhe; der Flohmarkt
das **Floß**, die Flöße; flößen

die **Flos|se**, die Flossen
**flö|ten**; die Flöte, die Flöten
**flott** (schnell)
**flu|chen**; der Fluch, die Flüche
**flüch|ten**; die Flucht; der Flüchtling, die Flüchtlinge
**flüch|tig**; der Flüchtigkeitsfehler
der **Flug**, die Flüge; der Flughafen; das Flugzeug
der **Flü|gel**, die Flügel
der **Flur** (Gang im Haus), die Flure
der **Fluss**, die Flüsse
**flüs|sig**; die Flüssigkeit
**flüs|tern**, er flüstert
die **Flut**, die Fluten; fluten
das **Foh|len**, die Fohlen
der **Föhn** (Haartrockner), die Föhne
**föh|nen**; sie föhnt die Haare
der **Föhn** (warmer Wind); föhnig
**fol|gen**; die Folge, die Folgen; folgend; die folgende Seite
die **Fo|lie**, die Folien
**fol|tern**; die Folter
die **Fon|tä|ne** (Springbrunnen), die Fontänen

**fop|pen** (necken), er foppt dich
**for|dern**; die Forderung
**för|dern**; befördern; das Förderband

die **Fo|rel|le** (Fischart), die Forellen; die Forellenzucht

die **Form**, die Formen; formen

**for|mu|lie|ren** (in Worte fassen); die Formulierung; das Formular

**for|schen**, sie forscht; der Forscher, die Forscher; die Forscherin; die Forschung

der **Förs|ter**, die Förster

**fort**; in einem fort; sofort

**fort|fah|ren** → fahren; von hier fortfahren; mit dem Lesen fortfahren (weitermachen)

**fort|ge|hen** → gehen

der **Fort|schritt**, die Fortschritte; fortschrittlich

**fort|set|zen**; die Fortsetzung

**fort|wäh|rend** (immer)

das **Fo|to**, die Fotos; der Fotograf; die Fotografie; fotografieren

die **Fo|to|ko|pie**; fotokopieren

das **Foul** (Regelverstoß), die Fouls

die **Fracht**, die Frachten; der Frachter; verfrachten

**fra|gen**, er fragt, ich fragte, ich habe gefragt; die Frage; fraglich; fragwürdig

**Frank|furt**

**fran|kie|ren**; der Brief wird frankiert



**Frank|reich**; der Franzose, die Franzosen, die Französin; französisch

die **Frat|ze**, die Fratzen; Fratzen schneiden

die **Frau**, die Frauen

**frech**; die Frechheit

**frei**; die Freiheit; im Freien

das **Frei|bad**, die Freibäder

**frei|lich** (allerdings)

der **Frei|tag**; freitags; am Freitagmorgen

**frei|wil|lig**

die **Frei|zeit**

**fremd**; der Fremde; die Fremde; in der Fremde; das Fremdwort

**fres|sen**, er frisst, ich fraß, ich habe gefressen; friss!; der Fraß; der Vielfraß; gefräßig

die **Freu|de**, die Freuden; freudig

sich **freu|en**; erfreulich

der **Freund**, die Freunde; die Freundin; die Freundschaft; freundschaftlich; freundlich; die Freundlichkeit

der **Frie|den** [Friede]; friedlich

der **Fried|hof**, die Friedhöfe

**frie|ren**, sie friert, ich fror, ich habe gefroren; erfrieren

die **Fri|ka|del|le** (Fleischklops), die Frikadellen

das **Fris|bee**; die Frisbeescheibe
**frisch**; erfrischend; erfrischen; die Erfrischung
der **Fri|sör** [Friseur], die Frisöre; die Frisörin [Friseurin]; die Frisur; frisieren
die **Frist**, die Fristen; kurzfristig; fristlos
**froh**; der Frohsinn
**fröh|lich**; die Fröhlichkeit
**fromm**; die Frömmigkeit
**Fron|leich|nam** (kath. Feiertag)
die **Front** (Vorderseite), die Fronten; frontal
der **Frosch**, die Frösche; der Froschlaich
der **Frost**, die Fröste; frostig; frösteln
das **Frot|tee|hand|tuch**, die Frotteehandtücher
die **Frucht**, die Früchte; fruchtbar
**früh**; früher; frühestens; morgens früh; die Frühe
der **Früh|ling**; das Frühjahr
das **Früh|stück**; frühstücken
der **Frust**; frustriert
der **Fuchs**, die Füchse
die **Fu|ge**; die Fugen
**füh|len**; der Fühler, das Gefühl
**füh|ren**; die Führung
der **Füh|rer|schein**
das **Fuhr|werk**, die Fuhrwerke

**fül|len**; die Fülle; die Füllung; der Füllhalter; der Füller
**fum|meln**, er fummelt
der **Fund**, die Funde; das Fundbüro
**fünf**; fünfzehn; fünfzig
der **Fun|ke** [Funken], die Funken
**fun|keln**, es funkelt
**funk|ti|o|nie|ren**; die Funktion
der **Funk|turm**; funken
**für**; füreinander
sich **fürch|ten**; die Furcht; furchtbar; fürchterlich
die **Für|sor|ge**; fürsorglich
das **Für|wort** (Pronomen)
der **Fuß**, die Füße; der Fußball; zu Fuß gehen
**futsch** (weg)
das **Fut|ter** (Stoff); der Mantel ist gefüttert
das **Fut|ter** (Nahrung); die Fütterung; füttern

das **Fu|tur** (grammatisch: Zukunft)

U
V
W
X
Y
Z

die **Ga|be**, die Gaben
die **Ga|bel**, die Gabeln
**ga|ckern**; das Huhn gackert
der **Gag** (witziger Einfall), die Gags
**gäh|nen**, du gähnst
die **Gal|le**; der Gallenstein
**ga|lop|pie|ren**; der Galopp
der **Game|boy**, die Gameboys
die **Gäm|se** (ziegenähnliches Tier), die Gämsen
der **Gang**, die Gänge; die Gangschaltung
der **Gangs|ter**, die Gangster
der **Ga|no|ve**, die Ganoven
die **Gans**, die Gänse; das Gänseblümchen
**ganz**; ganze; ganzer; im ganzen Land; ganz und gar; im Ganzen
**gar** (fertig); das Fleisch ist gar; garen
die **Ga|ra|ge**, die Garagen
die **Ga|ran|tie**, die Garantien; der Garantieschein; garantieren
die **Gar|de|ro|be**, die Garderoben
die **Gar|di|ne**, die Gardinen
**gä|ren**; der Wein ist gegoren
das **Garn**, die Garne; das Nähgarn
die **Gar|ni|tur** (zusammengehörende Dinge), die Garnituren
**gars|tig** (gemein)
der **Gar|ten**, die Gärten; der Gärtner; die Gärtnerin; die Gärtnerei
das **Gas**, die Gase; die Abgase
die **Gas|se**, die Gassen
der **Gast**, die Gäste; die Gaststätte; gastlich; der Gastwirt; die Gastwirtin
der **Gat|te**, die Gatten; die Gattin
der **Gaul**, die Gäule
der **Gau|men**, die Gaumen
der **Gau|ner** (Betrüger), die Gauner; die Gaunerin; die Gaunerei
das **Ge|bäck**
die **Ge|bär|de**, die Gebärden
**ge|bä|ren**; sie gebärt ein Kind
das **Ge|bäu|de**, die Gebäude
das **Ge|bell** [Gebelle]
**ge|ben**, er gibt, ich gab, ich habe gegeben; gib!
das **Ge|bet**, die Gebete; beten

Ge

das **Ge|biet**, die Gebiete
das **Ge|bir|ge**, die Gebirge; gebirgig
das **Ge|biss**, die Gebisse
das **Ge|blä|se**, die Gebläse

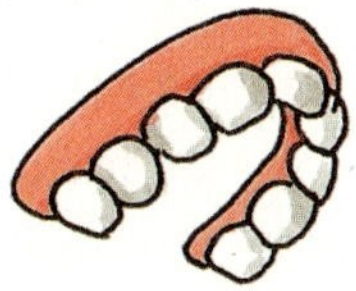

**ge|bo|ren**; er ist in Ulm geboren
das **Ge|bot**, die Gebote
**ge|brau|chen**; der Gebrauch
das **Ge|brüll**
die **Ge|bühr**, die Gebühren
die **Ge|burt**, die Geburten
der **Ge|burts|tag**, die Geburtstage
das **Ge|büsch**, die Gebüsche
das **Ge|dächt|nis**, die Gedächtnisse
der **Ge|dan|ke**, die Gedanken
das **Ge|deck**, die Gedecke
**ge|den|ken**; das Gedenken
das **Ge|dicht**, die Gedichte
das **Ge|drän|ge**; drängen; gedrängt
die **Ge|duld**; geduldig
**ge|eig|net**
die **Ge|fahr**, die Gefahren; gefährlich; gefährden
der **Ge|fähr|te**, die Gefährten; die Gefährtin
das **Ge|fäl|le**; die Gefällstrecke
**ge|fal|len**, es gefällt, es gefiel, es hat gefallen
der **Ge|fal|len**, die Gefallen
der **Ge|fan|ge|ne**, die Gefangenen; die Gefangenschaft; das Gefängnis, die Gefängnisse
das **Ge|fäß**, die Gefäße
das **Ge|fie|der**; gefiedert
das **Ge|flü|gel**; die Geflügelfarm
das **Ge|flüs|ter**; flüstern
**ge|frä|ßig**
die **Ge|frier|tru|he**, die Gefriertruhen
das **Ge|fühl**, die Gefühle; gefühllos
**ge|gen**; gegeneinander
die **Ge|gend**, die Gegenden
der **Ge|gen|satz**, die Gegensätze; gegensätzlich
**ge|gen|sei|tig**
der **Ge|gen|stand**, die Gegenstände
das **Ge|gen|teil**; im Gegenteil
**ge|gen|ü|ber**
die **Ge|gen|wart**; gegenwärtig
der **Geg|ner**, die Gegner; die Gegnerin
das **Ge|halt**, die Gehälter
**ge|häs|sig**
das **Ge|häu|se** (der Uhr), die Gehäuse
**ge|heim**; geheim halten; das Geheimnis, die Geheimnisse; geheimnisvoll
**ge|hen**, er geht, ich ging, ich bin gegangen; der Gang
**ge|heu|er**; das ist mir nicht geheuer

P Qu R S T U V W X Y Z

das **Ge|hirn**, die Gehirne
das **Ge|hör**; gehörlos
**ge|hor|chen**, er gehorcht;
der Gehorsam; gehorsam sein
**ge|hö|ren**; das Heft gehört mir
der **Gei|er**, die Geier
die **Gei|ge**, die Geigen;
der Geiger; die Geigerin
die **Gei|sel**, die Geiseln
die **Geiß** (Ziege), die Geißen;
das Geißlein
der **Geist**, die Geister; geistig;
der Geistliche (Priester)
**gei|zig**; der Geiz; der Geizhals
das **Gel** (für die Haare), die Gele
das **Ge|läch|ter**
**ge|lähmt**; der Gelähmte
das **Ge|län|de**, die Gelände
das **Ge|län|der**, die Geländer
**gelb**; gelbe Blumen; gelblich;
gelbgrün
das **Geld**, die Gelder; viel Geld
das [der] **Ge|lee**, die Gelees
die **Ge|le|gen|heit**, die Gelegenheiten;
gelegentlich
**ge|lehrt**; gelehrig;
der Gelehrte; die Gelehrte
das **Ge|lenk**, die Gelenke;
gelenkig

Ge

**ge|lin|gen**, es gelingt, es gelang,
es ist gelungen
**gel|ten**, es gilt, es galt,
es hat gegolten
**ge|mäch|lich** (langsam)

das **Ge|mäl|de**,
die Gemälde
**ge|mäß**; dem
Wunsch gemäß
**ge|mein**; die Gemeinheit
die **Ge|mein|de**, die Gemeinden
**ge|mein|sam**; die Gemeinsamkeit
die **Ge|mein|schaft**; gemeinschaftlich
das **Ge|mü|se**; das Gemüsebeet
**ge|müt|lich**; die Gemütlichkeit
**gen** (Richtung); gen Süden fahren
**ge|nau**; genauso; die Genauigkeit
**ge|neh|mi|gen**; die Genehmigung
die **Ge|ne|ra|ti|on**, die Generationen
**ge|ni|al** (sehr begabt)
das **Ge|nick**, die Genicke
sich **ge|nie|ren** (sich schämen)
**ge|nie|ßen**, er genießt,
ich genoss, ich habe genossen;
der Genuss, die Genüsse;
genüsslich; ungenießbar
der **Ge|ni|tiv** (2. Fall, Wesfall)
der **Ge|nos|se**, die Genossen;
die Genossin



U V W X Y Z

**ge|nug**; genügen; genügend
der **Ge|nuss** → genießen
die **Ge|o|gra|fie** [Geographie] (Erdkunde)
die **Ge|o|me|trie**; geometrisch
das **Ge|päck**; gepackt; packen
**ge|ra|de**; geradeaus
das **Ge|rät**, die Geräte
**ge|ra|ten**, es gerät, es geriet, es ist geraten
**ge|räu|mig** (groß)
das **Ge|räusch**, die Geräusche
**ge|recht**; die Gerechtigkeit
das **Ge|re|de**
das **Ge|richt**, die Gerichte
**ge|ring** (wenig)
**ge|rin|nen**, es gerinnt
das **Ge|rip|pe**, die Gerippe
der **Ger|ma|ne**, die Germanen
**gern**, lieber, am liebsten
das **Ge|röll** (lose Steine)
die **Gers|te** (Getreide)
die **Ger|te** (Rute), die Gerten
der **Ge|ruch**, die Gerüche; geruchlos
das **Ge|rücht**, die Gerüchte
das **Ge|rüm|pel**
das **Ge|rüst**, die Gerüste
**ge|samt**; die Gesamtschule
der **Ge|sang**, die Gesänge

Ge

das **Ge|säß** (Popo), die Gesäße
**ge|sät|tigt** (satt)
das **Ge|schäft**, die Geschäfte; geschäftlich
**ge|sche|hen**, es geschieht, es geschah, es ist geschehen; das Geschehen
**ge|scheit** (klug)
das **Ge|schenk**, die Geschenke
die **Ge|schich|te**, die Geschichten
**ge|schickt**; die Geschicklichkeit
**ge|schie|den** → scheiden
das **Ge|schirr**, die Geschirre; die Geschirrspülmaschine
das **Ge|schlecht**, die Geschlechter
der **Ge|schmack**; geschmackvoll
das **Ge|schöpf**, die Geschöpfe
das **Ge|schrei**
das **Ge|schwätz**; geschwätzig
die **Ge|schwin|dig|keit**; geschwind
die **Ge|schwis|ter**
**ge|schwol|len** → schwellen
das **Ge|schwür**, die Geschwüre
der **Ge|sel|le**, die Gesellen; die Gesellin; gesellig
die **Ge|sell|schaft**; die Gesellschaften
das **Ge|setz**, die Gesetze; gesetzlich
das **Ge|sicht**, die Gesichter
**ge|spannt** (neugierig)

Ge

das **Ge|spenst**, die Gespenster; gespenstisch [gespenstig]

das **Ge|spräch**, die Gespräche; gesprächig

**ge|spren|kelt** (getupft); das Fell ist gesprenkelt

die **Ge|stalt**, die Gestalten; gestalten

der **Ge|stank** → stinken

**ge|stat|ten**; es ist gestattet

die **Ges|te** (Gebärde), die Gesten

**ge|ste|hen**, ich gestand, ich habe gestanden; das Geständnis, die Geständnisse; geständig

das **Ge|stein**, die Gesteine

das **Ge|stell**, die Gestelle

**ges|tern**; gestern Abend; vorgestern

das **Ge|tö|se** (Lärm)

**ge|streift**; die gestreifte Hose

das **Ge|strüpp**, die Gestrüppe

**ge|sund**; die gesunde Ernährung; die Gesundheit

das **Ge|tränk**, die Getränke

das **Ge|trei|de**

**ge|trennt**; getrennt schreiben

das **Ge|trie|be**, die Getriebe

das **Ge|tu|schel**

das **Ge|wächs**, die Gewächse; das Gewächshaus

**ge|wäh|ren**; Hilfe gewähren

die **Ge|walt**, die Gewalten; gewaltig; gewalttätig

das **Ge|wand**, die Gewänder

**ge|wandt**; der gewandte Turner

das **Ge|wäs|ser**, die Gewässer

das **Ge|we|be**, die Gewebe

das **Ge|wehr**, die Gewehre

das **Ge|weih**, die Geweihe

das **Ge|wer|be**, die Gewerbe

die **Ge|werk|schaft**, die Gewerkschaften

**ge|we|sen** → sein

das **Ge|wicht**, die Gewichte

das **Ge|wim|mel**

**ge|win|nen**, sie gewinnt, ich gewann, ich habe gewonnen; der Gewinn; der Gewinner; die Gewinnerin

das **Ge|wirr**

**ge|wiss**; die Gewissheit

das **Ge|wis|sen**, die Gewissen; gewissenhaft

das **Ge|wit|ter**, die Gewitter; gewittrig; gewittern

**ge|witzt**

**ge|wöh|nen**; gewöhnlich; ich bin daran gewöhnt; gewohnt; ich bin das gewohnt; die Gewohnheit

das **Ge|wöl|be** (Raum mit runder Steindecke), die Gewölbe

das **Ge|wühl**

das **Ge|würz**, die Gewürze

die **Ge|zei|ten** (Ebbe und Flut)

das **Ge|zwit|scher**

er **gibt** → geben

der **Gie|bel** (Teil eines Hausdachs), die Giebel

die **Gier**; gierig

**gie|ßen**, er gießt, ich goss, ich habe gegossen; die Gießkanne; der Guss

das **Gift**, die Gifte; vergiften; giftig

sie **ging** → gehen

der **Gip|fel**, die Gipfel

der **Gips**; der Gipsverband

die **Gi|raf|fe**, die Giraffen

die **Gir|lan|de**, die Girlanden

die **Gi|tar|re**, die Gitarren; die Gitarrensaite

das **Git|ter**, die Gitter; vergittern

der **Glanz**; glänzen; glänzend

das **Glas**, die Gläser; gläsern

**glatt**, glatter [glätter], am glattesten [glättesten]; die Glätte

die **Glat|ze**, die Glatzen; der Glatzkopf; glatzköpfig

**glau|ben**; der Glaube; gläubig

**gleich** (sofort); ich komme gleich

**gleich** (ebenso); gleich groß; gleichfalls; gleichgültig; das Gleichgewicht; gleichen

**gleich** (egal); es ist mir gleich

das **Gleis**, die Gleise

**glei|ten**, er gleitet, ich glitt, ich bin geglitten; ausgleiten

der **Glet|scher** (Eisstrom im Gebirge), die Gletscher

das **Glied**, die Glieder; gliedern; die Gliederung

**glim|men**; das Feuer glimmt, es glomm [glimmte], es hat geglommen [geglimmt]

**glimpf|lich** (ohne großen Schaden)

**glit|schen** (gleiten); glitschig

**glit|zern**; der Ring glitzert

der **Glo|bus** (Erdkugel), die Globen [Globusse]; global

die **Glo|cke**, die Glocken

**glot|zen**

das **Glück**; der Glückwunsch; glücklich; glücklicherweise; glücken; es glückt mir

die **Glu|cke** (Henne), die Glucken
**glü|hen**; glühend;
die Glühlampe; die Glut
die **Gna|de**; gnädig; gnadenlos
der **Go|ckel** (Hahn), die Gockel
das **Gold**; vergoldet; goldig
das **Golf**; Golf spielen
der **Golf**; der Golfstrom
der **Gong**, die Gongs;
gongen, es gongt
**gön|nen**; ich gönne es dir
der **Go|ril|la** (Affenart), die Gorillas
der **Gott**, die Götter; die Göttin;
grüß Gott!; der Gottesdienst
das **Grab**, die Gräber
**gra|ben**, er gräbt, ich grub,
ich habe gegraben
der **Gra|ben**, die Gräben
der **Grad**, die Grade; 30 Grad Wärme
der **Gram** (Kummer); sich grämen
das **Gramm** [g]; fünfzig Gramm
die **Gram|ma|tik**, die Grammatiken;
grammatisch
der **Gra|nit** (Gestein)
die **Grape|fruit** (Pampelmuse),
die Grapefruits
das **Gras**, die Gräser; grasen
**gräss|lich**
der **Grat** (Bergkamm), die Grate

die **Grä|te** (Fischknochen), die Gräten
**gra|tis** (umsonst, kostenlos)
die **Grät|sche**, die Grätschen;
grätschen (spreizen)
**gra|tu|lie|ren**; die Gratulation
**grau**; graublau; gräulich
das **Grau|brot**, die Graubrote
**grau|en** (Furcht haben);
es graut mir davor; das Grauen;
grauenhaft; der Gräuel, die Gräuel;
die Gräueltat
die **Grau|pel** (Hagelkorn),
die Graupeln; der Graupelschauer
**grau|sam**; die Grausamkeit
**grei|fen**, sie greift, ich griff,
ich habe gegriffen; der Griff
der **Greis** (alter Mensch), die Greise;
die Greisin
**grell**; ein greller Schrei
die **Gren|ze**, die Grenzen
**Grie|chen|land**; der Grieche,
die Griechen, die Griechin; griechisch
der **Grieß**; der Grießbrei
der **Griff**, die Griffe; griffig
der **Grill**, die Grills; grillen
die **Gril|le** (Insekt), die Grillen
die **Gri|mas|se**,
die Grimassen
**grim|mig**; der Grimm

die **Grip|pe**; er hat Grippe
**grob**, gröber, am gröbsten;
der Grobian (grober Mensch)
**gröl|len** (lärmen)
**grol|len**; der Donner grollt
**groß**, größer, am größten;
die Größe; die Großeltern;
großartig
**Groß|bri|tan|ni|en**; der Brite,
die Briten, die Britin; britisch
die **Grot|te** (Felsenhöhle), die Grotten
das **Grüb|chen**, die Grübchen
die **Gru|be**, die Gruben
**grü|beln** (nachdenken), sie grübelt
die **Gruft** (Grab), die Grüfte
**grün**; grünlich
der **Grund**, die Gründe;
zu Grunde [zugrunde] gehen;
auf Grund [aufgrund]
**grün|den**; die Gründung
**gründ|lich**
**grund|sätz|lich**; der Grundsatz
die **Grund|schu|le**, die Grundschulen;
der Grundschüler;
die Grundschülerin
das **Grund|stück**, die Grundstücke
**grun|zen**; das Schwein grunzt
die **Grup|pe**, die Gruppen



sich **gru|seln**, sie gruselt sich; gruselig

**grü|ßen**, sie grüßt;
der Gruß, die Grüße
die **Grüt|ze**, die Grützen
**gu|cken**, er guckt
das [der] **Gu|lasch**, die Gulaschsuppe
der [das] **Gul|ly**, die Gullys
**gül|tig**; die Gültigkeit
der [das] **Gum|mi**, die Gummis;
das Gummiband; der Radiergummi
**güns|tig**; zu Gunsten [zugunsten]
die **Gur|gel**, die Gurgeln;
gurgeln, ich gurgle [gurgele],
sie gurgelt
die **Gur|ke**, die Gurken
der **Gurt**, die Gurte; gurten
der **Gür|tel**, die Gürtel
der **Guss**, die Güsse; der Regenguss
**gut**, besser, am besten;
etwas Gutes tun; das Gutachten
das **Gut**, die Güter; der Güterzug
**gü|tig**; die Güte
das **Gym|na|si|um**, die Gymnasien
die **Gym|nas|tik**; die Gymnastikstunde

das **Haar**, die Haare; das Härchen; haaren; haarig

**ha|ben**, er hat, ich hatte, ich habe gehabt

**hab|gie|rig**; die Habgier

die **Ha|cke** (Werkzeug), die Hacken

die **Ha|cke** [der Hacken] (Ferse), die Hacken

**ha|cken**; Holz hacken

der **Ha|fen**; die Häfen

der **Ha|fer**; die Haferflocken

die **Haft**; der Häftling

**haf|ten**; die Haftung; verhaften

die **Ha|ge|but|te**, die Hagebutten

der **Ha|gel**; hageln

der **Hahn**, die Hähne

der **Hai**, die Haie

**hä|keln**; die Häkelnadel

der **Ha|ken**, die Haken; haken

**halb**; eine halbe Stunde; die Halbschuhe; halbieren

Ha

die **Hälf|te**, die Hälften

die **Hal|le**, die Hallen; das Hallenbad

**hal|lo**; Hallo rufen [hallo rufen]

der **Halm**, die Halme

die **Ha|lo|gen|lam|pe** (sehr helle Glühlampe), die Halogenlampen

der **Hals**, die Hälse

**hal|ten**, er hält, ich hielt, ich habe gehalten; haltbar; die Haltestelle

der **Ha|lun|ke** (Schuft), die Halunken

**Ham|burg**; der Hamburger, die Hamburger, die Hamburgerin; hamburgisch

**hä|misch** (gemein)

der **Ham|mer**, die Hämmer; hämmern; ich hämmere

**ham|peln**; der Hampelmann

der **Hams|ter**, die Hamster

die **Hand**, die Hände; das Handtuch; handlich; der Handwerker

**han|deln**; die Handlung; der Handel; der Händler; die Händlerin

das **Han|dy** (Mobiltelefon), die Handys

der **Hang**, die Hänge; der Abhang

**hän|gen**; die Wäsche hängt, sie hing, sie hat gehangen

**Han|no|ver**

der **Hap|pen** (Bissen), die Happen

die **Har|ke** (Rechen), die Harken; harken

**harm|los**

**hart**, härter, am härtesten; die Härte; hartnäckig

das **Harz**, die Harze; harzig

der **Ha|se**, die Hasen; das Häschen

die **Ha|sel|nuss**, die Haselnüsse

**has|sen**, er hasst, ich hasste, ich habe gehasst; der Hass

**häss|lich**

du **hast** → haben

die **Hast**; hastig; hasten

er **hat**, er hatte → haben

die **Hau|be**, die Hauben

der **Hauch**; hauchen

**hau|en**; Haue kriegen

der **Hau|fen**, die Haufen

**häu|fig**

das **Haupt**, die Häupter; die Hauptsache; hauptsächlich; die Hauptstadt

der **Häupt|ling**, die Häuptlinge

das **Haus**, die Häuser; haushoch; nach Hause; zu Hause sein; das Zuhause; die Hausaufgabe

die **Haut**, die Häute

die **Heb|am|me** (Geburtshelferin), die Hebammen

der **He|bel**, die Hebel

**he|ben**, sie hebt, ich hob, ich habe gehoben

der **Hecht** (Fisch), die Hechte

das **Heck**, die Hecks [Hecke]; die Heckscheibe

die **He|cke**, die Hecken

die **He|fe**; der Hefeteig

das **Heft**, die Hefte; heften

**hef|tig**; ein heftiger Sturm

die **Hei|de**; das Heidekraut

die **Hei|del|bee|re**, die Heidelbeeren

**heil**; heilen; die Heilung

**hei|lig**; der Heilige Abend

das **Heim**; ich fahre heim; heimgehen; heimkehren

die **Hei|mat**; heimatlos; das Heimweh

**heim|lich**; die Heimlichkeit

das **Hein|zel|männ|chen**

**hei|ra|ten**; die Heirat

**hei|ser**; die Heiserkeit

**heiß**, heißer, am heißesten

**hei|ßen**, sie heißt, sie hieß, sie hat geheißen

**hei|ter**; die Heiterkeit

**hei|zen**; die Heizung

der **Held**, die Helden

**hel|fen**, er hilft, ich half, ich habe geholfen; hilf!; die Hilfe

**hell**; hellblau; die Helligkeit
der **Helm**, die Helme; der Fahrradhelm
**Hel|sin|ki** (Hauptstadt von Finnland)
das **Hemd**, die Hemden
**hem|men**; die Hemmung
der **Hengst** (männliches Pferd), die Hengste
der **Hen|kel**, die Henkel
die **Hen|ne**, die Hennen
**her**; komm her!; hin und her
**he|rab [her|ab]**; herabgehen
**he|ran [her|an]**; herankommen
**he|rauf [her|auf]**; heraufbeschwören
**he|raus [her|aus]**; herausgeben
die **Her|ber|ge**, die Herbergen
der **Herbst**; herbstlich
der **Herd** (Ofen), die Herde
die **Her|de**, die Herden
**he|rein [her|ein]**; hereinkommen
der **He|ring** (Fischart), die Heringe
der **Herr**, die Herren
**herr|lich**; die Herrlichkeit
**herr|schen**; der Herrscher
**her|stel|len**; der Hersteller; die Herstellerin; die Herstellung
**he|rü|ber [her|ü|ber]**
**he|rum [her|um]**
**he|run|ter [her|un|ter]**; herunterlaufen

**her|vor**; hervorragend
das **Herz**, die Herzen; herzlich; die Herzlichkeit
**Hes|sen**; der Hesse, die Hessen, die Hessin; hessisch
**het|zen**, er hetzt; die Hetze
das **Heu**; der Heuhaufen
**heu|er** (in diesem Jahr)
**heu|len**; das Geheul
**heu|te**; heute Abend
die **He|xe**, die Hexen; verhexen; hexen
**hier**; hieran; hierauf; hierher; hier bleiben
die **Hi|e|ro|gly|phen** (alte ägyptische Schriftzeichen)

die **Hil|fe**, die Hilfen; hilflos; hilfsbereit
die **Him|bee|re**, die Himbeeren
der **Him|mel**; himmlisch
**hin**; hinab; hinauf; hinaus; hinausgehen; hinfallen
das **Hin|der|nis**, die Hindernisse; hindern
**hin|durch**
**hin|ken**, er hinkt
**hin|ten**; hintenherum; hintenüber
**hin|ter**; hintereinander; hinterher; der Hintergrund; die Hinterlist
der **Hin|tern**, die Hintern
**hi|nü|ber [hin|ü|ber]**; hinunter

P Qu R S T U V W X Y Z

der **Hin|weis**, die Hinweise
**hin|zu**
der **Hirsch**, die Hirsche
der **Hirt** [Hirte], die Hirten
der **Hit**, die Hits; die Hitparade
die **Hit|ze**; hitzefrei; hitzig
das **Hob|by**, die Hobbys
der **Ho|bel**, die Hobel; hobeln
**hoch**, höher,
am höchsten;
der hohe Berg;
die Höhe; höchstens

die **Hoch|zeit**, die Hochzeiten
**ho|cken**; die Hocke
der **Ho|cker**, die Hocker
das **Ho|ckey**; Hockey spielen
der **Ho|den**, die Hoden
der **Hof**, die Höfe
**hof|fen**; die Hoffnung; hoffentlich
**höf|lich**; die Höflichkeit
**hö|her** → hoch
**hohl**; ein hohler Baum
die **Höh|le**, die Höhlen
der **Hohn**; verhöhnen; höhnisch
der **Ho|kus|po|kus**
**ho|len**, sie holt; abholen
**Hol|land**; der Holländer,
die Holländer, die Holländerin;
holländisch



die **Höl|le**; der Höllenlärm
**hol|pe|rig** [holprig]; holpern
das **Holz**, die Hölzer; hölzern
der **Ho|nig**; der Bienenhonig
**hop|peln**; der Hase hoppelt
**hopp|la**
**hop|sen**, sie hopst; der Hopser
**hor|chen**; horch!
die **Hor|de**, die Horden
**hö|ren**; der Hörer; die Hörerin
der **Ho|ri|zont** (Linie zwischen Himmel
und Erde); horizontal
das **Horn**, die Hörner
die **Hor|nis|se**, die Hornissen
das **Ho|ros|kop [Ho|ro|skop]**,
die Horoskope
der **Hort** (Tagesheim für Kinder),
die Horte
die **Ho|se**, die Hosen
die **Hos|tie** (Brot beim Abendmahl
in der Kirche), die Hostien
das **Ho|tel**, die Hotels
**hübsch**; ein hübsches Kleid
der **Hub|schrau|ber**, die Hubschrauber
**hu|cke|pack** (auf dem Rücken)
der **Huf**, die Hufe; das Hufeisen
die **Hüf|te**, die Hüften
der **Hü|gel**, die Hügel; hügelig [hüglig]
das **Huhn**, die Hühner

## Hu bis Hy

die **Hül|le**, die Hüllen; einhüllen
die **Hül|se** (Kapsel), die Hülsen
die **Hum|mel**, die Hummeln
der **Hu|mor** (Heiterkeit); humorvoll
**hum|peln**, er humpelt
der **Hu|mus** (fruchtbarer Boden); die Humuserde
der **Hund**, die Hunde
**hun|dert**; zweihundert
der **Hun|ger**; hungern; hungrig
die **Hu|pe**, die Hupen; hupen
**hüp|fen**, sie hüpft
die **Hür|de**, die Hürden
**hur|ra**; Hurra schreien [hurra schreien]
**hu|schen**; sie huscht davon
**hus|ten**; der Husten
der **Hut**, die Hüte
**hü|ten**; behüten; der Hüter
die **Hüt|te**, die Hütten
der **Hy|drant [Hyd|rant]** (Zapfstelle für Wasser), die Hydranten
**hy|gi|e|nisch** (sauber); die Hygiene

## Ic bis Im

der **IC** [Intercity-Zug], die ICs
der **ICE** [Intercity-Expresszug], die ICEs
**ich**; ich und du
**i|de|al**; ein idealer Platz
die **I|dee**, die Ideen
der **I|di|ot**, die Idioten; die Idiotin
der **I|gel**, die Igel
der [das] **I|glu [Ig|lu]**, die Iglus
**ihm**; ich gebe ihm die Hand
**ihn**; ich kenne ihn
**ih|nen**; ich gebe ihnen die Hand
**ihr**; ihre; ihr Teddy; ihre Puppe
die **Il|lust|rier|te [Il|lus|trier|te]**, die Illustrierten
**im** (in dem); im Haus
der **Im|biss**, die Imbisse
der **Im|ker**, die Imker; die Imkerin
**im|mer**; immerhin; immerzu; immer noch; immer wieder
**impf|fen**; die Impfung
**im|po|nie|ren** (Eindruck machen); das imponiert mir

**im|stan|de** [im Stande] sein
**in**; in der Schule
der **In|di|a|ner**, die Indianer; die Indianerin
der **In|di|sche O|ze|an**
die **In|dus|trie [In|dust|rie]**, die Industrien
**in|ein|an|der [in|ei|nan|der]**
die **In|fek|ti|on** (Ansteckung)
der **In|fi|ni|tiv** (Grundform des Tunworts)
**in|fol|ge**; infolgedessen
die **In|for|ma|ti|on**, die Informationen; informieren
der **In|ge|ni|eur**, die Ingenieure; die Ingenieurin
der **In|ha|ber**, die Inhaber; die Inhaberin
der **In|halt**; das Inhaltsverzeichnis
der **In|line|ska|ter** [Inliner]
**in|nen**; innerhalb; innerlich
**ins** (in das); ins Haus gehen

das **In|sekt**, die Insekten
die **In|sel**, die Inseln
das **In|se|rat** (Anzeige), die Inserate
**ins|ge|samt**
der **Ins|pek|tor [In|spek|tor]**, die Inspektoren; die Inspektorin
der **Ins|tal|la|teur [In|stal|la|teur]**, die Installateure
**in|stand** [in Stand] setzen
der **Ins|tinkt [In|stinkt]** (angeborenes Verhalten), die Instinkte



das **Ins|tru|ment [In|stru|ment]**, die Instrumente
**in|tel|li|gent** (klug); die Intelligenz
der **In|ter|ci|ty|ex|press|zug** [ICE]
der **In|ter|ci|ty|zug** [IC]
**in|te|res|sant [in|ter|es|sant]**; interessieren; das Interesse, die Interessen
**in|ter|na|ti|o|nal**

das **In|ter|net**
das **In|ter|view**, die Interviews
der **In|va|li|de** (Mensch, der nicht mehr arbeiten kann), die Invaliden
**in|zwi|schen**
**ir|gend**; irgendein; irgendeiner; irgendetwas; irgendjemand; irgendwie
**Ir|land**; der Ire, die Iren, die Irin; irisch
**ir|ren**; irreführen; irrtümlich; der Irrtum, die Irrtümer
der **Is|lam** (Religion)
**Is|land**; der Isländer, die Isländer, die Isländerin; isländisch
**Is|ra|el**; der Israeli, die Israelis, die Israelin; israelisch
er **isst** → essen; er isst Kuchen
sie **ist** → sein; sie ist krank
**I|ta|li|en**; der Italiener, die Italiener, die Italienerin; italienisch

# Ja bis Je

**ja**; jawohl
die **Jacht** [Yacht] (Boot), die Jachten
die **Ja|cke**, die Jacken
**ja|gen**, er jagt; die Jagd
der **Jä|ger**, die Jäger
der **Ja|gu|ar** (Raubkatze), die Jaguare
**jäh**; der Jähzorn; jähzornig
das **Jahr**, die Jahre; jährlich; das Jahrhundert
der **Jahr|markt**, die Jahrmärkte
die **Ja|lou|sie** (Rollladen), die Jalousien
der **Jam|mer**; jammern; jämmerlich
der **Ja|nu|ar**
**Ja|pan**; der Japaner, die Japaner, die Japanerin; japanisch
**jä|ten**; das Unkraut ist gejätet
die **Jau|che** (flüssiger Dünger); die Jauchegrube
**jauch|zen**, sie jauchzt
**jau|len**; der Hund jault
der **Jazz**; die Jazzmusik
**je**; seit eh und je; je Person

# Je bis Jo

die **Jeans**
**je|de**, jeder, jedes; jederzeit; jedenfalls; jedesmal
**je|doch**
der **Jeep** (Geländewagen), die Jeeps
**je|her**; von jeher; seit jeher
**je|mals**
**je|mand**; jemanden
**je|ne**, jener, jenes
**jen|seits**; jenseits des Tales
**Je|sus Chris|tus**
der **Jet** (Düsenflugzeug), die Jets; der Jumbojet
**jetzt**; bis jetzt; von jetzt an
**je|weils**
der **Job** (Arbeitsplatz), die Jobs; jobben
das **Jod** (chemisches Element)
**jo|deln**; der Jodler; die Jodlerin
das [der] **Jo|ga** [Yoga]; die Jogaübung
**jog|gen**, sie joggt; das Jogging; der Jogger; die Joggerin

der [das] **Jo|gurt** [Joghurt], die Jogurts
die **Jo|han|nis|bee|re**, die Johannisbeeren
**joh|len**; das Gejohle
der **Jo|ker** (Spielkarte), die Joker
der **Jour|na|list** (Schriftsteller für Zeitungen und Zeitschriften), die Journalisten; die Journalistin
**ju|beln**; der Jubel; jubilieren
**ju|cken**; der Juckreiz
der **Ju|de**, die Juden; jüdisch
das **Ju|do** (Sportart); der Judogriff
die **Ju|gend**; der Jugendliche; die Jugendliche; jugendlich; die Jugendherberge
**Ju|gos|la|wi|en [Ju|go|sla|wi|en]**; der Jugoslawe, die Jugoslawen, die Jugoslawin; jugoslawisch
der **Ju|li**
**jung**, jünger, am jüngsten
das **Jun|ge**, die Jungen; die Katze hat Junge
der **Jun|ge**, die Jungen
der **Ju|ni**
der **Ju|rist** (Anwalt), die Juristen; die Juristin
die **Ju|ry** (Gruppe von Kampfrichtern)
das [der] **Ju|wel**, die Juwelen
der **Jux** (Spaß)

das **Ka|bel**, die Kabel
die **Ka|bi|ne**, die Kabinen
die **Ka|chel**, die Kacheln; kacheln
der **Kä|fer**, die Käfer
der **Kaf|fee**
der **Kä|fig**, die Käfige
**kahl**; kahle Bäume
der **Kahn**, die Kähne
der **Kai** (gemauertes Ufer), die Kais
der **Kai|ser**, die Kaiser; die Kaiserin; kaiserlich
der **Ka|jak** (kleines Paddelboot), die Kajaks
die **Ka|jü|te** (Wohnraum auf einem Schiff), die Kajüten
der **Ka|kao**
der **Kak|tus**, die Kakteen
das **Kalb**, die Kälber
der **Ka|len|der**, die Kalender
der **Kalk**; kalkweiß; der Kalkstein
die **Ka|lo|rie**, die Kalorien

**kalt**, kälter, am kältesten; die Kälte; die Erkältung; sich erkälten

sie **kam** → kommen; sie kam spät

er **kä|me** → kommen; er sagte, er käme

das **Ka|mel**, die Kamele

die **Ka|me|ra**, die Kameras

der **Ka|me|rad**, die Kameraden; die Spielkameraden

die **Ka|mil|le**; der Kamillentee

der **Ka|min**, die Kamine

der **Kamm**, die Kämme; kämmen

die **Kam|mer**, die Kammern

der **Kampf**, die Kämpfe; kämpfen

der **Ka|nal**, die Kanäle

der **Ka|na|ri|en|vo|gel**, die Kanarienvögel

das **Kän|gu|ru**, die Kängurus

das **Ka|nin|chen**, die Kaninchen

der **Ka|nis|ter**, die Kanister

sie **kann** → können

die **Kan|ne**, die Kannen

der **Ka|non** (Liederart), die Kanons

die **Kan|te**, die Kanten; kantig

die **Kan|ti|ne**, die Kantinen

das **Ka|nu**, die Kanus

die **Kan|zel**, die Kanzeln

der **Kanz|ler**, die Kanzler

die **Ka|pel|le**, die Kapellen

**ka|pie|ren** (begreifen)

der **Ka|pi|tän**, die Kapitäne

das **Ka|pi|tel**, die Kapitel

der **Ka|plan [Kap|lan]**, die Kapläne

die **Kap|pe**, die Kappen

die **Kap|sel**, die Kapseln

**ka|putt**; kaputtmachen; kaputtgehen

die **Ka|pu|ze**, die Kapuzen

das **Ka|ra|te**; der Karatekämpfer

die **Ka|ra|wa|ne** (Reisegruppe durch die Wüste), die Karawanen

der **Kar|frei|tag** (Freitag vor Ostern)

**karg**; kärglich

**ka|riert**; das Karo

die **Ka|ri|es** (Zahnfäule)

der **Kar|ne|val** (Fasching)

das **Kar|ni|ckel** (Kaninchen), die Karnickel

das **Ka|ro** (Viereck), die Karos

die **Ka|rot|te**, die Karotten

der **Karp|fen**, die Karpfen

die **Kar|re** [der Karren], die Karren

die **Kar|ri|e|re** (Erfolg im Beruf), die Karrieren

die **Kar|te**, die Karten

die **Kar|tei**, die Karteien

die **Kar|tof|fel**, die Kartoffeln

der **Kar|ton**, die Kartons

das **Ka|rus|sell**, die Karussells

der **Kä|se**, die Käse

der **Kas|per**, die Kasper; der Kasperl; das Kasperle

die **Kas|se**, die Kassen; kassieren; der Kassierer; die Kassiererin
die **Kas|set|te**, die Kassetten; der Kassettenrekorder
die **Kas|ta|nie**, die Kastanien
der **Kas|ten**, die Kästen [Kasten]
der **Kat** [Katalysator] (Autoteil), die Kats
der **Ka|ta|log**, die Kataloge
die **Ka|tas|tro|phe [Ka|ta|stro|phe]** (Unglück), die Katastrophen; katastrophal
der **Ka|ter**, die Kater
**ka|tho|lisch** [kath.]; der Katholik, die Katholiken; die Katholikin
die **Kat|ze**, die Katzen
**kau|en**; der [das] Kaugummi
**kau|fen**; der Käufer; die Käuferin; käuflich; der Kaufmann; die Kauffrau; die Kaufleute
die **Kaul|quap|pe**, die Kaulquappen

**kaum**; er konnte kaum atmen
der **Kauz**, die Käuze; das Käuzchen
**keck** (frech)
der **Ke|gel**, die Kegel; kegeln
die **Keh|le**, die Kehlen
**keh|ren**; die Straße kehren; jemandem den Rücken kehren
**kei|fen** (schreien), er keift



der **Keil**, die Keile; der Keilriemen
der **Keim**, die Keime; keimen
**kein**, keine, keiner, keins [keines], keinem, keinen; keinmal
der [das] **Keks**, die Keks [Kekse]
der **Kelch**, die Kelche
die **Kel|le**, die Kellen
der **Kel|ler**, die Keller
der **Kell|ner**, die Kellner; die Kellnerin

**ken|nen**, sie kennt, ich kannte, ich habe gekannt; bekannt; kennen lernen; die Kenntnis; das Kennzeichen
**ken|tern**; das Boot kentert
die **Ke|ra|mik**, die Keramiken
die **Ker|be**, die Kerben
der **Ker|ker**, die Kerker
der **Kerl**, die Kerle
der **Kern**, die Kerne; kerngesund
die **Ker|ze**; die Kerzen; kerzengerade
der **Ke|scher** [Käscher] (Fangnetz), die Kescher
der **Kes|sel**, die Kessel
das [der] **Ket|schup [Ketsch|up]** [Ketchup]
die **Ket|te**, die Ketten; anketten
**keu|chen**; der Keuchhusten
die **Keu|le**, die Keulen
das **Kfz** (Kraftfahrzeug); die Kfz-Werkstatt
**ki|chern** (lachen), sie kichert

**ki|cken**; er kickt den Ball
der **Kie|fer** (Knochen), die Kiefer
die **Kie|fer** (Nadelbaum), die Kiefern
**Kiel**
die **Kie|me** (Atmungsorgan der Fische), die Kiemen
der **Kies**; die Kiesgrube
**Ki|ew** (Hauptstadt der Ukraine)
das **Ki|lo**, die Kilos; das Kilogramm [kg], zwei Kilogramm
der **Ki|lo|me|ter** [km], die Kilometer
das **Kind**, die Kinder; die Kindheit; der Kinderwagen; kindlich; der Kindergarten
das **Kinn**, die Kinne; der Kinnhaken
das **Ki|no**, die Kinos
der **Ki|osk**, die Kioske
**kip|pen**; umkippen
die **Kir|che**, die Kirchen
die **Kir|mes** (Jahrmarkt)
die **Kir|sche**, die Kirschen
**Ki|schi|nau** (Hauptstadt von Moldawien)
das **Kis|sen**, die Kissen
die **Kis|te**, die Kisten
der **Kitsch**; kitschig
das **Kitt|chen** (Gefängnis)
der **Kit|tel**, die Kittel
das **Kitz** (junges Reh), die Kitze

**kit|zeln**; kitzelig [kitzlig]
die **Klad|de** (Schmierheft), die Kladden
**kläf|fen**; der Hund kläfft

die **Kla|ge**, die Klagen; klagen
die **Klam|mer**, die Klammern; klammern; einklammern
die **Kla|mot|ten** (Kleidung)
der **Klang**, die Klänge; klangvoll
die **Klap|pe**, die Klappen; klappen; aufklappen; zuklappen; klapprig
**klap|pern**; die Klapper
der **Klaps**, die Klapse
**klar**; klären; erklären; die Kläranlage
die **Klas|se**, die Klassen; die Klassenlehrerin; das ist Klasse!
**klat|schen**, er klatscht
die **Klaue** (Kralle), die Klauen
**klau|en**; geklaut
das **Kla|vier**, die Klaviere
**kle|ben**, sie klebt; klebrig; der Klebstoff
**kle|ckern**, er kleckert
der **Klecks**, die Kleckse; klecksen
der **Klee**; das Kleeblatt
das **Kleid**, die Kleider; die Kleidung; der Kleiderbügel
**klein**; kleinlich; die Kleinen; etwas Kleines; die Kleinigkeit
der **Kleis|ter** (Klebstoff)

# Kl

**klem|men**; die Klemme; in der Klemme sitzen

der **Klemp|ner** (Handwerker für Wasser und Gas), die Klempner

die **Klet|te** (Pflanzenart), die Kletten

**klet|tern**, ich klettere, sie klettert, ich kletterte, ich bin geklettert

das **Kli|ma**; klimatisiert; die Klimaanlage

der **Klimm|zug**, die Klimmzüge

**klim|pern**, er klimpert

die **Klin|ge**, die Klingen; die Rasierklinge

die **Klin|gel**, die Klingeln; klingeln

**klin|gen**; die Glocke klingt, sie klang, sie hat geklungen

die **Kli|nik** (Krankenhaus), die Kliniken

die **Klin|ke**, die Klinken; die Türklinke

die **Klip|pe**, die Klippen

**klir|ren**; die Scheibe klirrt

das **Klo**, die Klos; das Klosett

**klö|nen** (miteinander sprechen)

**klop|fen**, es klopft; anklopfen

der **Klops** (Kloß), die Klöpse

der **Kloß**, die Klöße

das **Klos|ter**, die Klöster

der **Klotz**, die Klötze

der **Klub** [Club], die Klubs

**klug**, klüger, am klügsten; die Klugheit

der **Klum|pen**, die Klumpen

# Kn

**knab|bern**, ich knabbere

der **Kna|be**, die Knaben

das **Knä|cke|brot**

**kna|cken**; die Knackwurst

**knal|len**; der Knall; knallrot

**knapp**; mit knapper Not

**knar|ren**; die Tür knarrt

**knat|tern**; das Mofa knattert

der [das] **Knäu|el**, die Knäuel

**knau|sern** (geizig sein); knauserig

der **Knecht**, die Knechte

**knei|fen**, sie kneift, ich kniff, ich habe gekniffen

**kne|ten**; das Knetgummi

**kni|cken**; der Knick, die Knicke

der **Knicks**, die Knickse; knicksen

das **Knie**, die Knie; knien, er kniet

der **Kniff** (Trick), die Kniffe

**kniff|lig** [kniffelig]; knifflige Fragen

**knip|sen** (fotografieren; lochen), er knipst; anknipsen; ausknipsen

der **Knirps** (Junge), die Knirpse

**knir|schen**, du knirschst

**knis|tern**, es knistert

**knit|tern**; knitterarmer Stoff

**kno|beln**; der Knobelbecher

der **Knob|lauch**

der **Knö|chel**, die Knöchel

der **Kno|chen**; die Knochen

der **Knö|del** (Kloß), die Knödel
die **Knol|le**, die Knollen
der **Knopf**, die Knöpfe; knöpfen
der **Knor|pel**, die Knorpel
die **Knos|pe**, die Knospen; knospig
der **Kno|ten**, die Knoten
**knül|len**; verknüllt
**knüp|fen**; verknüpfen
der **Knüp|pel**, die Knüppel
**knur|ren**; der Hund knurrt
**knus|pern**; knuspriges Brot
**k. o.** (bewusstlos) schlagen; k. o. sein
**ko|chen**; der Koch; die Köche; die Köchin; der Kochtopf; kochend heiß
der **Kö|der**, die Köder
der **Kof|fer**, die Koffer
der **Kohl**; der Kohlrabi
die **Koh|le**, die Kohlen
die **Ko|kos|nuss**, die Kokusnüsse
der **Kol|ben**, die Kolben; die Kolbenhirse (Vogelfutter)
der **Kol|le|ge**, die Kollegen; die Kollegin
**Köln**
**kom|bi|nie|ren** (vermuten; zusammenstellen); sie kombiniert
der **Ko|met**, die Kometen

**kom|for|ta|bel**; der Komfort



**ko|misch**; der Komiker
das **Kom|ma**, die Kommas [Kommata]
**kom|man|die|ren**; das Kommando
**kom|men**, er kommt, ich kam, ich bin gekommen
der **Kom|mis|sar**, die Kommissare; die Kommissarin
die **Kom|mo|de**, die Kommoden
die **Kom|mu|ni|on** (Abendmahl)
die **Ko|mö|die** (lustiger Film oder Theaterstück), die Komödien
der **Kom|pass**, die Kompasse

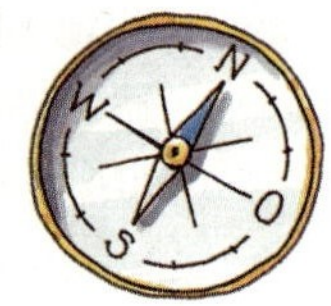


**kom|plett** (vollständig)
das **Kom|pli|ment**, die Komplimente
**kom|pli|ziert** (schwierig)
der **Kom|po|nist**, die Komponisten; die Komponistin; komponieren
der **Kom|post**; der Komposthaufen
das **Kom|pott**, die Kompotte
der **Kom|pro|miss**, die Kompromisse
die **Kon|dens|milch**
die **Kon|di|ti|on**
der **Kon|di|tor**, die Konditoren; die Konditorin; die Konditorei
die **Kon|fe|renz**, die Konferenzen
die **Kon|fes|si|on** (religiöse Glaubensrichtung), die Konfessionen
das **Kon|fet|ti**

die **Kon|fir|ma|ti|on**; der Konfirmand; die Konfirmandin
die **Kon|fi|tü|re** (Marmelade)
der **Kon|flikt** (Streit), die Konflikte
der **Kö|nig**, die Könige; die Königin; königlich
die **Kon|kur|renz** (Wettbewerb); der Konkurrent; die Konkurrentin; konkurrieren
**kön|nen**, er kann, ich konnte, ich habe gekonnt
die **Kon|ser|ve**, die Konserven
der **Kon|so|nant** (Mitlaut), die Konsonanten
**kons|tru|ie|ren [kon|stru|ie|ren]** (entwerfen, bauen); die Konstruktion
der **Kon|sum** (Verbrauch); konsumieren
der **Kon|takt**, die Kontakte; die Kontaktlinsen
der **Kon|ti|nent**, die Kontinente
das **Kon|to** (bei der Bank), die Konten
**kon|tra** [contra] (gegen)
die **Kon|trol|le**, die Kontrollen; kontrollieren
sich **kon|zen|trie|ren [kon|zent|rie|ren]**; die Konzentration
das **Kon|zert**, die Konzerte
**Ko|pen|ha|gen** (Hauptstadt von Dänemark)



der **Kopf**, die Köpfe; kopfüber
**ko|pie|ren** (vervielfältigen); die Kopie, die Kopien
der **Ko|ran** (heiliges Buch des Islam)
der **Korb**, die Körbe
die **Kor|del**, die Kordeln
der **Kor|ken**, die Korken; entkorken
das **Korn**, die Körner; die Kornblume
der **Kör|per**, die Körper
**kor|rekt** (richtig); die Korrektur (Berichtigung)
der **Kor|ri|dor** (Flur), die Korridore
**kor|ri|gie|ren** (berichtigen)
die **Kos|me|tik**; die Kosmetikerin
der **Kos|mos** (Weltall); kosmisch; der Kosmonaut
die **Kost** (Nahrung); köstlich; kosten (schmecken)
**kos|ten**; es kostet drei Euro; die Kosten; kostenlos; kostbar
das **Kos|tüm**, die Kostüme
das **Ko|te|lett**, die Koteletts [Kotelette]
der **Kö|ter**, die Köter
der **Kot|flü|gel**, die Kotflügel
**kot|zen** (erbrechen), er kotzt
die **Krab|be** (Krebs), die Krabben
**krab|beln**; das Kind krabbelt
der **Krach**; krachen; verkrachen
**kräch|zen**, er krächzt; krächzend

die **Kraft**, die Kräfte; kräftig
der **Kra|gen**, die Kragen [Krägen]
die **Krä|he**, die Krähen
**krä|hen**; der Hahn kräht
die **Kral|le**, die Krallen; krallen
der **Kram**; kramen
der **Krampf,** die Krämpfe;
krampfhaft; verkrampfen
der **Kran**, die Kräne
der **Kra|nich** (Vogelart), die Kraniche
**krank**; erkranken;
der Kranke; die Kranke;
das Krankenhaus; die Krankheit
**krän|ken**; gekränkt sein
der **Kranz**, die Kränze
**krass**, krasser, am krassesten
der **Kra|ter**, die Krater
**krat|zen**, sie kratzt
**krau|len** [crawlen] (Schwimmart)
**kraus**; kräuseln
das **Kraut**, die Kräuter; das Unkraut
der **Kra|wall** (Lärm), die Krawalle
die **Kra|wat|te**, die Krawatten
**kra|xeln** (klettern)
**kre|a|tiv**; die Kreativität
der **Krebs**, die Krebse
der **Kre|dit**; einen Kredit
aufnehmen
(sich Geld leihen)

Kr

die **Krei|de**; kreidebleich
der **Kreis**, die Kreise; kreisrund;
kreisen; einkreisen; der Kreisel
**krei|schen**, sie kreischt
die **Krem** [Kreme, Creme],
die Krems; kremen;
sie kremt sich ein
das **Krepp|pa|pier**
das **Kreuz**, die Kreuze; kreuzen;
kreuz und quer
die **Kreuz|ot|ter** (Schlangenart),
die Kreuzottern
die **Kreu|zung**, die Kreuzungen
**krib|beln**, es kribbelt
**krie|chen**, er kriecht, ich kroch,
ich bin gekrochen
der **Krieg**, die Kriege; kriegerisch
**krie|gen**, sie kriegt, ich kriegte
der **Kri|mi**, die Krimis; kriminell
der **Krin|gel**, die Kringel
die **Krip|pe** (Futtertrog), die Krippen
die **Kri|se**, die Krisen
der **Kris|tall**, die Kristalle
die **Kri|tik**, die Kritiken;
kritisch; kritisieren
**krit|zeln**; die Kritzelei
**Kro|a|ti|en**;
der Kroate, die Kroaten,
die Kroatin; kroatisch



P Qu R S T U V W X Y Z

das **Kro|ko|dil**, die Krokodile
der **Kro|kus**, die Krokusse
die **Kro|ne**, die Kronen
die **Krö|te**, die Kröten
die **Krü|cke**, die Krücken
der **Krug**, die Krüge
der **Krü|mel**, die Krümel; krümeln
**krumm**; die Krümmung
der **Krüp|pel**, die Krüppel; verkrüppelt
die **Krus|te**, die Krusten; verkrustet
das **Kru|zi|fix**, die Kruzifixe

der **Kü|bel** (Gefäß), die Kübel
die **Kü|che**, die Küchen
der **Ku|chen**, die Kuchen
der **Ku|ckuck**, die Kuckucke
die **Ku|fe** (am Schlitten), die Kufen
die **Ku|gel**, die Kugeln; kuglig
[kugelig]; der Kugelschreiber
die **Kuh**, die Kühe
**kühl**; kühlen; die Kühle;
der Kühler; der Kühlschrank
die **Kuh|le** (Grube), die Kuhlen
**kühn**; die Kühnheit
das **Kü|ken**, die Küken
der **Ku|li** (Kugelschreiber), die Kulis
**kul|lern** (rollen)
die **Kul|tur**, die Kulturen; kulturell
der **Küm|mel** (Gewürz)
der **Kum|mer**; sich kümmern

der **Kun|de** (Käufer), die Kunden;
die Kundin; die Kundschaft
die **Kun|de** (Nachricht); kundig
**kün|di|gen**; die Kündigung
**künf|tig** (in Zukunft)
die **Kunst**, die Künste; künstlich;
der Künstler; die Künstlerin;
der Kunststoff; das Kunststück
**kun|ter|bunt**
das **Kup|fer**; kupfern
die **Kup|pel** (Halbkugel), die Kuppeln
die **Kupp|lung**; kuppeln
die **Kur**, die Kuren; der Kurgast
die **Kur|bel**, die Kurbeln; kurbeln
der **Kür|bis**, die Kürbisse
der **Kurs**, die Kurse; der Kursus
die **Kur|ve**, die Kurven; kurvig
**kurz**, kürzer, am kürzesten;
die Kürze; in Kürze; kürzlich
**ku|scheln**; das Kuscheltier
die **Ku|si|ne** [Cousine], die Kusinen
der **Kuss**, die Küsse; küssen
die **Küs|te**, die Küsten
der **Küs|ter** (Kirchendiener),
die Küster; die Küsterin
die **Kut|sche**, die Kutschen
der **Kut|ter**, die Kutter; der Fischkutter
das **Ku|vert** (Briefumschlag),
die Kuverts



O P Qu R S T U V W X Y Z

das **La|bor** (Versuchsraum), die Labors [Labore]
das **La|by|rinth** (Irrgarten), die Labyrinthe
**la|chen**, sie lacht; lachhaft; das Lachen; lächeln; lächerlich
der **Lachs** (Fischart), die Lachse
der **Lack**, die Lacke; lackieren; die Lackierung
der **La|den**, die Läden [Laden]
**la|den**, er lädt, ich lud, ich habe geladen; die Ladung
die **La|ge**; in der Lage sein
das **La|ger**, die Lager; lagern
**lahm**; lähmen; die Lähmung
der **Laib**, die Laibe; ein Laib Brot
**Lai|bach** (Hauptstadt von Slowenien)
der **Laich** (Eier von Wassertieren); der Froschlaich; laichen
der **Laie** (Nichtfachmann), die Laien
das **La|ken** (Betttuch), die Laken
die **La|krit|ze [Lak|rit|ze]**; der [das] Lakritz
**lal|len**, er lallt
das **La|ma** (Kamelart), die Lamas
das **La|met|ta** (Glitzerfäden)
das **Lamm**, die Lämmer; das Lämmchen
die **Lam|pe**, die Lampen
der [das] **Lam|pi|on**, die Lampions
das **Land**, die Länder; ländlich; die Landschaft; die Landstraße; die Landkarte; die Landwirtschaft
**lan|den**; die Landung
**lang**, länger, am längsten; lange; länglich; die Länge; verlängern
die **Lan|ge|wei|le**; langweilig
**lang|sam**; die Langsamkeit
**längst**; seit langem
der **Lap|pen**, die Lappen
die **Lär|che** (Baum), die Lärchen
der **Lärm**; lärmen; der Lärmschutz
die **Lar|ve** (Raupe), die Larven
er **las** → lesen
die **La|sche**, die Laschen
der **La|ser** (Lichtstrahl); der Laserdrucker
**las|sen**, er lässt, ich ließ, ich habe gelassen; lass los!
**läs|sig**
das [der] **Las|so**, die Lassos
die **Last**, die Lasten
der **Las|ter** (Lastwagen), die Laster
das **Las|ter** (Untugend), die Laster
**läs|tern**, er lästert
**läs|tig**; belästigen

der **Last|wa|gen**, die Lastwagen
das **La|tein**; lateinisch
die **La|ter|ne**, die Laternen
die **Lat|schen**; latschen, er latscht
die **Lat|te**, die Latten
der **Latz**; die Latzhose; das Lätzchen
**lau**; lauwarmes Wasser
das **Laub**; der Laubbaum
die **Lau|be** (Gartenhäuschen), die Lauben
der **Lauch** (Zwiebelpflanze)
**lau|ern**; ich lauere dir auf; auf der Lauer sein
**lau|fen**, er läuft, ich lief, ich bin gelaufen; der Lauf; der Läufer; die Läuferin
die **Lau|ge** (chemische Flüssigkeit), die Laugen
die **Lau|ne**; sie ist guter Laune; launisch
die **Laus**, die Läuse

**lau|schen**, er lauscht; belauschen
**laut**; der Laut, die Laute; der Lautsprecher
**läu|ten**, es läutet; das Geläut [Geläute]
**lau|ter** (nur); lauter Steine
die **La|va**; der Lavastrom
die **La|wi|ne** (herabstürzende Schneemasse), die Lawinen
**lax** (nachlässig)



**le|ben**, er lebt; das Leben; lebendig; lebensgefährlich; lebhaft; leblos; die Lebensmittel
die **Le|ber**; die Leberwurst; der Leberfleck
der **Leb|ku|chen**, die Lebkuchen
**lech|zen**; sie lechzt nach Wasser
**leck**; ein leckes Schiff; das Leck
**le|cken**, er leckt
**le|cker**; der Leckerbissen
das **Le|der**; die Lederjacke
**le|dig** (unverheiratet)
**le|dig|lich**
**leer**; die Leere; leeren; der Leerlauf
die **Le|gas|the|nie** (Lese- und Rechtschreibschwäche)
**le|gen**, er legt, ich habe gelegt
die **Le|gen|de** (überlieferte Geschichte), die Legenden
die **Le|gen|de** (Symbolerklärung auf Landkarten), die Legenden
der **Lehm**; der Lehmboden; lehmig
die **Leh|ne**, die Lehnen; lehnen
der **Leh|rer**, die Lehrer; die Lehrerin, die Lehrerinnen; lehren; der Lehrling; die Lehre
der **Leib** (Körper), die Leiber
die **Lei|che**, die Leichen; der Leichnam; leichenblass

**leicht**; die Leichtigkeit; der Leichtsinn; leichtsinnig

die **Leicht|ath|le|tik**

**lei|den**, er leidet, ich litt, ich habe gelitten; zu Leide [zuleide] tun; das Leid [Leiden]; das Mitleid; es tut mir Leid

die **Lei|den|schaft**; leidenschaftlich

**lei|der**

**lei|hen**; sie leiht mir das Buch; ich lieh, ich habe geliehen; die Leihbücherei

der **Leim**; leimen

die **Lei|ne**, die Leinen; anleinen

das **Lei|nen** (Stoff)

der **Lein|sa|men**, die Leinsamen

die **Lein|wand** (im Kino)

**Leip|zig**

**lei|se**, leiser, am leisesten

die **Leis|te**, die Leisten

**leis|ten**; die Leistung

**lei|ten**; der Leiter; die Leiterin

die **Lei|ter**, die Leitern

die **Lei|tung**, die Leitungen

die **Lek|ti|on** (Übung), die Lektionen

die **Lek|tü|re** (Lesetext), die Lektüren

**len|ken**; der Lenker; die Lenkung

der **Lenz** (Frühling)

der **Le|o|pard** (Raubkatze), die Leoparden

die **Ler|che** (Vogel), die Lerchen

**ler|nen**; beim Lernen; Englisch lernen; laufen lernen

**le|sen**, er liest, ich las, du lasest, ich habe gelesen; das Lesebuch; der Leser; die Leserin; lesenswert

**Lett|land**; der Lette, die Letten, die Lettin; lettisch

**letz|te**; das letzte Brot; ein letzter Blick; der [die, das] Letzte; als Letzter kommen; zuletzt; letztens

**leuch|ten**; der Leuchter; der Leuchtturm; leuchtend

**leug|nen**; verleugnen

die **Leu|te** (Mehrzahl)

das **Le|xi|kon**, die Lexika [Lexiken]

die **Li|bel|le**, die Libellen

das **Licht**, die Lichter; licht (hell); lichterloh; die Lichtung

das **Lid** (Augendeckel), die Lider

**lie|ben**, sie liebt; lieb haben; die Liebe; der Liebling; lieb, lieber, am liebsten; liebevoll; lieblich

**Liech|ten|stein**

das **Lied**, die Lieder

**lie|der|lich** (unordentlich)

er **lief** → laufen

**lie|fern**; die Lieferung

**lie|gen**, er liegt, ich lag, ich habe gelegen; liegen lassen → lassen; die Liege; der Liegestuhl

er **liest** → lesen

der **Lift**, die Lifte [Lifts]

die **Li|ga** (Vereinigung), die Ligen; die Bundesliga

**li|la**; ein lila Kleid

die **Li|lie** (Blumenart), die Lilien

die **Li|mo|na|de**, die Limonaden

die **Lin|de** (Baumart), die Linden

**lin|dern**; die Linderung

das **Li|ne|al**, die Lineale

die **Li|nie**, die Linien; liniert [liniiert]

**links**; linksherum; der linke Fuß; linkshändig; der Linkshänder; die Linkshänderin

das **Li|no|le|um [Lin|o|le|um]** (Bodenbelag)

die **Lin|se**, die Linsen

die **Lip|pe**, die Lippen

**lis|peln** (fehlerhaft sprechen), er lispelt

**Lis|sa|bon** (Hauptstadt von Portugal)

die **List**, die Listen; listig; hinterlistig; mit List und Tücke

die **Lis|te**, die Listen

**Li|tau|en**; litauisch

der [das] **Li|ter**, die Liter; ein viertel Liter; literweise

die **Li|te|ra|tur** (veröffentlichte Schriften)

die **Lit|faß|säu|le** (Säule mit Plakaten), die Litfaßsäulen

die **Live|sen|dung** (Direktsendung)

der **Lkw** [LKW] (Lastkraftwagen), die Lkws

das **Lob**; loben; lobenswert

das **Loch**, die Löcher; lochen; löcherig [löchrig]

die **Lo|cke**, die Locken; lockig; das Löckchen

**lo|cken**; der Lockruf; verlockend

**lo|cker**; lockern

der **Lo|den** (Stoff); der Lodenmantel

**lo|dern**; die Flamme lodert

der **Löf|fel**, die Löffel; löffeln; auslöffeln; löffelweise

die **Lo|ge** (im Theater), die Logen

**lo|gisch**; die Logik

der **Lohn**, die Löhne; sich lohnen; belohnen; die Belohnung

die **Loi|pe** (Langlaufbahn), die Loipen

die **Lok**, die Loks; die Lokomotive; der Lokführer; die Lokführerin

das **Lo|kal**, die Lokale

der **Lol|li**, die Lollis

**Lon|don** (Hauptstadt von Großbritannien)

der **Lor|beer**; das Lorbeerblatt

**los**; was ist los?

O P Qu R S T U V W X Y Z

das **Los**, die Lose; der Losverkäufer; die Losverkäuferin; verlosen; die Verlosung

**los|bin|den** → binden

**lö|schen**, er löscht; verlöschen; das Löschblatt

**lo|se**; die Schraube ist lose

**lö|sen**; eine Fahrkarte lösen; ein Rätsel lösen; die Lösung

**los|fah|ren** → fahren

**los|ge|hen** → gehen

**los|las|sen** → lassen

**los|lau|fen** → laufen

**los|ma|chen** → machen

**los|rei|ßen** → reißen

**los|wer|den** → werden

das **Lot** (Senkblei), die Lote

**lö|ten**; der Lötkolben

die **Lo|ti|on** (Reinigungsmittel für das Gesicht), die Lotionen

der **Lot|se** (Seemann), die Lotsen; lotsen

die **Lot|te|rie**, die Lotterien; das Lotto; der Lottogewinn

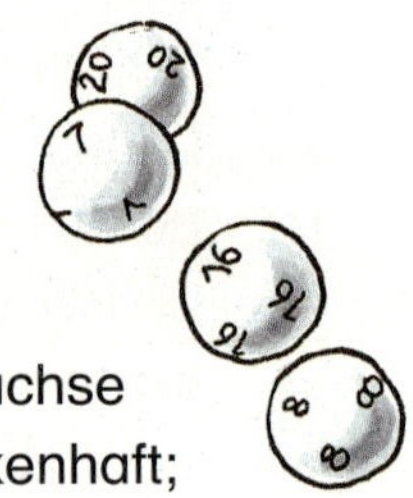

der **Lö|we**, die Löwen

der **Lö|wen|zahn**

der **Luchs** (Raubtier), die Luchse

die **Lü|cke**, die Lücken; lückenhaft; lückenlos; der Lückenbüßer

die **Luft**, die Lüfte; der Luftballon; die Luftverschmutzung; luftig; die Luftpumpe; luftdicht

**lüf|ten**; die Lüftung

**lü|gen**, sie lügt, ich log, ich habe gelogen; belügen; die Lüge; der Lügner; die Lügnerin

die **Lu|ke** (Öffnung), die Luken; die Dachluke; die Kellerluke

der **Lüm|mel** (frecher Mensch), die Lümmel; sich lümmeln

der **Lump** (schlechter Mensch), die Lumpen; lumpig (gemein); sich nicht lumpen lassen

der **Lum|pen** (Fetzen), die Lumpen; zerlumpt

der **Lunch** (kleines Mittagessen); das Lunchpaket

die **Lun|ge**, die Lungen; die Lungenentzündung

**lun|gern**; er lungert herum

die **Lu|pe**, die Lupen; lupenrein

der **Lurch** (Name für Kröten, Frösche usw.), die Lurche

die **Lust**, die Lüste; lustlos; lustig

**lut|schen**, sie lutscht; der Lutscher

**Lu|xem|burg**; der Luxemburger

der **Lu|xus**; luxuriös

die **Ly|rik** (Dichtung in Versen); lyrisch

Ma

**ma|chen**, sie macht; einmachen; aufmachen; zumachen

die **Macht**, die Mächte; mächtig

das **Mäd|chen**, die Mädchen

die **Ma|de**, die Maden

die **Ma|don|na**, die Madonnen

**Ma|drid [Mad|rid]** (Hauptstadt von Spanien)

sie **mag** → mögen

die **Magd**, die Mägde

**Mag|de|burg**

der **Ma|gen**, die Mägen [Magen]

**ma|ger**; die Magermilch

der **Ma|gi|er** (Zauberer), die Magier; magisch

der **Ma|gnet [Mag|net]**, die Magnete [Magneten]; magnetisch

**mä|hen**, er mäht; die Mähmaschine

das **Mahl** (Festessen); die Mahlzeit

**mah|len**; gemahlener Kaffee

die **Mäh|ne**, die Mähnen

**mah|nen**; ermahnen; die Mahnung

der **Mai**; der Maikäfer; das Maiglöckchen

der **Main** (Fluss)

**Mainz**

der **Mais**; der Maiskolben

die **Ma|jes|tät**; majestätisch

die **Ma|jo|nä|se**, die Majonäsen

**Ma|ke|do|ni|en** [Mazedonien]; der Makedonier, die Makedonier, die Makedonierin; makedonisch

das **Make-up** (Schminke)

die **Mak|ka|ro|ni** (Nudeln)

der **Mak|ler** (Vermittler), die Makler; die Maklerin

**mal**; einmal, zweimal; keinmal; das erste Mal; ein paar Male

**ma|len**; der Maler; die Malerei

**mal|neh|men** (multiplizieren)

**Mal|ta**; der Malteser, die Malteser, die Malteserin; maltesisch

das **Malz** (wenig ausgekeimtes Getreide); das Malzbonbon

die **Ma|ma**, die Mamas; Mami

das **Mam|mut** (ausgestorbene Elefantenart), die Mammuts

**man**

**manch**, manche, mancher, manches; manch einer

**manch|mal**

die **Man|da|ri|ne**, die Mandarinen

die **Man|del**, die Mandeln

die **Ma|ne|ge**, die Manegen; die Zirkusmanege

der **Man|gel** (Fehler), die Mängel; mangelhaft

die **Man|gel** (zum Glätten von Wäsche), die Mangeln; mangeln

die **Ma|nie|ren** (Umgangsformen)

der **Mann**, die Männer; männlich; die Mannschaft

der **Man|tel**, die Mäntel

die **Map|pe**, die Mappen

das **Mär|chen**, die Märchen

der **Mar|der**, die Marder

die **Mar|ga|ri|ne**

die **Mar|ge|ri|te**, die Margeriten

der **Ma|ri|en|kä|fer**, die Marienkäfer

die **Ma|ri|ne**; marineblau

die **Ma|ri|o|net|te**, die Marionetten; das Marionettentheater

das **Mark**; das Knochenmark

die **Mark** (Geld)

die **Mar|ke**, die Marken; die Briefmarke

der **Markt**, die Märkte

die **Mar|me|la|de**, die Marmeladen

**mar|schie|ren**; der Marsch, die Märsche

der **März**

das **Mar|zi|pan**

die **Ma|sche**, die Maschen

die **Ma|schi|ne**, die Maschinen

die **Ma|sern** (Mehrzahl; Krankheit)

die **Mas|ke**, die Masken; maskieren

das **Mas|kott|chen** (Glücksbringer), die Maskottchen

das **Maß**, die Maße; der Maßstab; mäßig; gleichmäßig

die **Mas|se**, die Massen; massenhaft

**mas|sie|ren**; die Massage

**mas|siv** (fest, schwer)

der **Mast**, die Masten

das **Match**, die Matchs [Matche]

das **Ma|te|ri|al**, die Materialien

die **Ma|the|ma|tik**; mathematisch

die **Ma|trat|ze [Mat|rat|ze]**, die Matratzen

der **Ma|tro|se [Mat|ro|se]**, die Matrosen

der **Matsch**; matschig

**matt**; die Mattscheibe

die **Mat|te**, die Matten

die **Mau|er**, die Mauern; mauern

das **Maul**, die Mäuler; maulen

der **Maul|wurf**, die Maulwürfe

der **Mau|rer**, die Maurer

die **Maus**, die Mäuse; mäuschenstill

**ma|xi|mal** (höchstens)

der **Me|cha|ni|ker**, die Mechaniker; die Mechanikerin; mechanisch

**me|ckern**, ich meckere

**Meck|len|burg-Vor|pom|mern**

die **Me|dail|le**, die Medaillen
die **Me|di|en**
das **Me|di|ka|ment**, die Medikamente
die **Me|di|zin**; medizinisch
das **Meer**, die Meere
der **Meer|ret|tich**
das **Meer|schwein|chen**
das **Mehl**; mehlig
**mehr**; mehrere; mehrmals; die Mehrheit; die Mehrzahl
**mei|den**, er meidet, ich mied, ich habe gemieden
die **Mei|le**, die Meilen; meilenweit
**mein**; meine; meiner; meinetwegen
**mei|nen**; die Meinung
die **Mei|se**, die Meisen
der **Mei|ßel** (keilförmiges Werkzeug), die Meißel; meißeln
**meist**; meistens; am meisten; das meiste; die meisten
der **Meis|ter**, die Meister; die Meisterin; die Meisterschaft
**mel|den**; die Meldung
**mel|ken**, ich habe gemolken [gemelkt]; die Molkerei

die **Me|lo|die**, die Melodien
die **Me|lo|ne**, die Melonen
das **Me|mo|ry**
die **Men|ge**, die Mengen
der **Mensch**, die Menschen; menschlich
das **Me|nü** (Speisenfolge), die Menüs
**mer|ken**, ich habe gemerkt
**merk|wür|dig**; das Merkmal
die **Mes|se**, die Messen
**mes|sen**, er misst, ich maß, ich habe gemessen
das **Mes|ser**, die Messer
das **Mes|sing** (Metall)
das **Me|tall**, die Metalle; metallisch
der **Me|te|or** (Feuerkugel), die Meteore
der [das] **Me|ter** [m], die Meter; das Metermaß
die **Me|tho|de**, die Methoden
der **Metz|ger**, die Metzger; die Metzgerei
**meu|tern** (sich beschweren), sie meutert; die Meuterei
**mi|au|en**; die Katze miaut
**mich**; der Hund beißt mich
die **Mi|cky|maus**
der **Mief** (Gestank); miefig
die **Mie|ne** (Gesichtsausdruck), die Mienen; eine Miene ziehen
**mies** (schlecht)

die **Mie|te**, die Mieten; der Mieter; die Mieterin; mieten; vermieten
das **Mi|kro|fon [Mik|ro|fon]** [Mikrophon], die Mikrofone
das **Mi|kro|skop [Mik|ros|kop]**, die Mikroskope
die **Milch**; die Milchflasche
**mild** [milde]; die Milde
das **Mi|li|tär**; militärisch
die **Mil|li|ar|de** (1000 Millionen), die Milliarden
das **Mil|li|gramm** [mg], die Milligramm
der [das] **Mil|li|me|ter** [mm], die Millimeter
die **Mil|li|on**, die Millionen; der Millionär
**min|des|tens**
die **Mi|ne** (im Bleistift), die Minen
das **Mi|ne|ral**, die Mineralien
das **Mi|ni|golf**
der **Mi|nis|ter**, die Minister; die Ministerin
**Minsk** (Hauptstadt von Weißrussland)
**mi|nus** (weniger; unter null Grad)
die **Mi|nu|te**, die Minuten
**mir**; er hilft mir
**mi|schen**, sie mischt; die Mischung
**mi|se|ra|bel** (schlecht)
**miss|ach|ten** → achten; die Missachtung
**miss|brau|chen** → brauchen; der Missbrauch



der **Miss|er|folg**
**miss|han|deln** → handeln; die Misshandlung
**miss|mu|tig** (schlecht gelaunt)
sie **misst** → messen
das **Miss|trau|en**; misstrauisch
das **Miss|ver|ständ|nis**; missverstehen
der **Mist**; der Misthaufen
**mit**; ich spiele mit ihm
der **Mit|ar|bei|ter**, die Mitarbeiter; die Mitarbeiterin; mitarbeiten
**mit|brin|gen** → bringen
**mit|ein|an|der [mit|ei|nan|der]**; miteinander spielen
**mit|fah|ren** → fahren
**mit|ge|hen** → gehen
das **Mit|glied**, die Mitglieder
**mit|kom|men** → kommen
der **Mit|laut**, die Mitlaute
das **Mit|leid**; mitleidig
der **Mit|mensch**, die Mitmenschen
**mit|neh|men** → nehmen
der **Mit|schü|ler**, die Mitschüler; die Mitschülerin
der **Mit|tag**; mittags; heute Mittag; am Mittag; das Mittagessen
die **Mit|te**; in der Mitte; mittendurch
**mit|tei|len**; die Mitteilung
das **Mit|tel**, die Mittel

das **Mit|tel|al|ter**; mittelalterlich
das **Mit|tel|meer**
der **Mit|tel|punkt**, die Mittelpunkte

die **Mit|ter|nacht**; um Mitternacht
der **Mitt|woch**; mittwochs; Mittwochmorgen
**mi|xen**; der Mixer
die **Mö|bel** (Mehrzahl)
er **möch|te** → mögen
die **Mo|de**; modern; modisch
das **Mo|dell**, die Modelle
das **Mo|fa**, die Mofas
**mo|geln**; die Mogelei
**mö|gen**, ich mag, du magst, er mag, wir mögen, ihr mögt, sie mögen; ich möchte, du möchtest, er möchte, wir möchten, ihr möchtet, sie möchten
**mög|lich**; möglichst; die Möglichkeit
der **Mohn**; die Mohnblume
die **Möh|re**, die Möhren; die Mohrrübe
**Mol|da|wi|en**
die **Mol|ke|rei**, die Molkereien
**mol|lig**; mollig warm
der **Mo|ment**, die Momente
der **Mo|nat**, die Monate; monatlich; die Monatskarte
der **Mönch**, die Mönche



der **Mond**; der Mondschein; mondhell; mondsüchtig
die **Mo|ne|ten** (Geld)
der **Mo|ni|tor** (Bildschirm), die Monitore
das **Mons|ter**, die Monster
der **Mon|tag**; montags; Montagabend
die **Mon|ta|ge**, die Montagen; montieren; der Monteur
das **Moor**, die Moore; moorig
das **Moos**, die Moose; moosig; bemoost
das **Mo|ped**, die Mopeds
die **Mo|ral**; moralisch
der **Mo|rast**
der **Mord**, die Morde; morden; der Mörder; die Mörderin
der **Mor|gen**; am Morgen; heute Morgen; eines Morgens; jeden Morgen
**mor|gen** (am folgenden Tag); morgen früh; bis morgen; morgen Mittag; morgens (in der Früh)
**morsch**; das Holz ist morsch
**mor|sen**; das Morsezeichen
der **Mör|tel** (zum Bauen)
die **Mo|schee** (islamisches Bethaus), die Moscheen
das **Mo|sa|ik** (Bild aus bunten Steinchen), die Mosaiken
die **Mo|sel** (Fluss)
**Mos|kau** (Hauptstadt von Russland)

der **Most**; mosten; die Mosterei
das **Mo|tiv**, die Motive
der **Mo|tor**, die Motoren
das **Mo|tor|rad**, die Motorräder
die **Mot|te** (Insektenart), die Motten
das **Mot|to** (Leitspruch), die Mottos
das **Moun|tain|bike**, die Mountainbikes

die **Mö|we**, die Möwen
die **Mü|cke**, die Mücken
**mucks|mäus|chen|still**
**mü|de**; ermüden; die Müdigkeit
die **Mü|he**, die Mühen; mühsam
die **Müh|le**, die Mühlen
der **Müll**; der Mülleimer; das Müllauto; die Mülldeponie; die Müllhalde
die **Mull|bin|de** (Verband), die Mullbinden
der **Mül|ler**, die Müller
**mul|ti|pli|zie|ren** (malnehmen); die Multiplikation
der **Mumps** (Krankheit)
**Mün|chen**



der **Mund**, die Münder; mündlich; die Mundharmonika
**mün|den**; die Mündung
**mun|ter**; die Munterkeit
die **Mün|ze**, die Münzen
**mür|be**
die **Mur|mel**, die Murmeln
**mur|meln**; das Gemurmel
das **Mur|mel|tier**, die Murmeltiere
**mur|ren**; mürrisch
das [der] **Mus**; das Apfelmus
die **Mu|schel**, die Muscheln
das **Mu|se|um**, die Museen
die **Mu|sik**; das Musikinstrument; musikalisch; musizieren
der **Mus|kel**, die Muskeln; muskulös
das **Müs|li**
die **Mu|ße** (freie Zeit); müßig
**müs|sen**, er muss, ich musste, ich habe gemusst
das **Mus|ter**, die Muster; gemustert
der **Mut**; mutig; mutwillig; übermütig
die **Mut|ter**, die Mütter; Mutti; mütterlich
die **Mut|ter** (Schraubenteil), die Muttern
die **Müt|ze**, die Mützen

die **Na|be** (Mittelteil des Rades), die Naben
der **Na|bel**, die Nabel
**nach**; nach und nach
**nach|ah|men**; er ahmt ihn nach
der **Nach|bar**, die Nachbarn;
die Nachbarin; die Nachbarschaft
**nach|dem**; nachdem er fort war, …
**nach|den|ken** → denken;
nachdenklich
**nach|ein|an|der [nach|ei|nan|der]**
die **Nach|er|zäh|lung**
der **Nach|fol|ger**, die Nachfolger
**nach|ge|ben** → geben; nachgiebig
der **Nach|ge|schmack**
der **Nach|hau|se|weg**
**nach|her** (später)
die **Nach|hil|fe**; die Nachhilfestunde
der **Nach|kom|me**, die Nachkommen
**nach|läs|sig**; die Nachlässigkeit
der **Nach|mit|tag**; am Nachmittag;
nachmittags
der **Nach|na|me**, die Nachnamen

die **Nach|richt**, die Nachrichten
**nach|schla|gen** → schlagen
die **Nach|schrift**, die Nachschriften
der **Nach|schub**
**nach|se|hen** → sehen
die **Nach|spei|se**, die Nachspeisen
**nächst**, nächste, nächster;
nächste Woche; am nächsten;
der Nächste
die **Nacht**, die Nächte; nachts;
nächtlich; nächtelang
der **Nach|teil**, die Nachteile; nachteilig
die **Nach|ti|gall** (Vogelart),
die Nachtigallen

der **Nach|tisch** (Nachspeise)
**nach|tra|gend**; nachträglich
**nach|wei|sen** → weisen;
der Nachweis; nachweislich
der **Nach|wuchs**
der **Na|cken**, die Nacken
**nackt** [nackend]
die **Na|del**, die Nadeln;
der Nadelbaum; nadeln
der **Na|gel**, die Nägel; nageln;
der Fingernagel; die Nagelfeile
**na|gen**, er nagt; das Nagetier
**nah** [nahe], näher, am nächsten;
die Nähe; sich nähern;
von nah und fern; nahe liegend

**nä|hen**, sie näht; die Nähmaschine; die Nähnadel
er **nahm** → nehmen
die **Nah|rung**; das Nahrungsmittel; nahrhaft; ernähren
die **Naht**, die Nähte; nahtlos
**na|iv** (leichtgläubig, unbefangen)
der **Na|me**, die Namen
**näm|lich**
der **Napf** (Schüssel), die Näpfe; der Speisenapf; der Napfkuchen
die **Nar|be**, die Narben
die **Nar|ko|se** (Betäubung)
der **Narr**, die Narren; närrisch
die **Nar|zis|se**, die Narzissen
**na|schen**, er nascht; die Naschkatze
die **Na|se**, die Nasen; das Näschen; das Nasenbluten; das Nashorn
**nass**, nasser [nässer], am nassesten [nässesten]; das nasse Kleid; die Nässe
die **Na|ti|on**, die Nationen; die Nationalmannschaft; national; international
die **Na|tur**; der Naturschutz; natürlich; naturgetreu
der **Ne|bel**; nebelig [neblig]; der Nebelscheinwerfer
**ne|ben**; nebeneinander; nebenher
die **Ne|ben|sa|che**; nebensächlich
**ne|cken**; sie neckt ihn
der **Nef|fe**, die Neffen
**ne|ga|tiv** (verneinend); das Negativ (vom Film)
**neh|men**, er nimmt, ich nahm, ich habe genommen; nimm!
der **Neid**; neidisch; neidlos
sich **nei|gen**; die Neigung
**nein**; Nein [nein] sagen; mit Nein antworten
der **Nek|tar** (Blütensaft)
die **Nek|ta|ri|ne**, die Nektarinen
die **Nel|ke**, die Nelken
**nen|nen**, sie nennt, ich nannte, ich habe genannt
das **Ne|on|licht**; die Neonröhre
der **Nerv**, die Nerven; nervig; nervös; ein nervöser Mensch
die **Nes|sel**, die Nesseln
das **Nest**, die Nester
**nett**, netter, am nettesten
das **Netz**, die Netze
**neu**; etwas Neues; nichts Neues; die Neuigkeit; neuerdings
die **Neu|gier** [Neugierde]; neugierig
das **Neu|jahr**; das neue Jahr
**neu|lich**

**neun**; neun Uhr; neunzehn; neunzig; neunhundert; um neun; die Neun

**neu|tral [neut|ral]** (unparteiisch)

**nicht**; gar nicht

die **Nich|te**, die Nichten

der **Nicht|rau|cher**; die Nichtraucherin

**nichts**; alles oder nichts; nichts Neues; nichts ahnend

der **Nicht|schwim|mer**; die Nichtschwimmerin

**ni|cken**, er nickt; das Nickerchen

**nie**; nie wieder

**nie|der**; die Niederlage

die **Nie|der|lan|de**; der Niederländer, die Niederländer, die Niederländerin; niederländisch

**Nie|der|sach|sen**; der Niedersachse, die Niedersachsen, die Niedersächsin; niedersächsisch

der **Nie|der|schlag**, die Niederschläge

**nied|lich**

**nied|rig [nie|drig]**, niedriger, am niedrigsten

**nie|mals**

**nie|mand**; niemanden

die **Nie|re**, die Nieren

**nie|seln**, es nieselt; der Nieselregen

**nie|sen**, sie niest; das Niespulver

die **Nie|te**, die Nieten



der **Ni|ko|laus**; der Nikolaustag

das **Ni|ko|tin** (Gift im Tabak)

das **Nil|pferd**, die Nilpferde

**nim|mer** (niemals)

er **nimmt** → nehmen

**nip|pen**; er nippt am Saft

**nir|gends**; nirgendwo

die **Ni|sche**, die Nischen

**nis|ten**; der Nistkasten

das **Ni|veau**, die Niveaus

die **Ni|xe** (Meerjungfrau), die Nixen

**no|bel** (edel, vornehm)

**noch**; noch einmal; nochmals

der **No|ma|de** (Hirtenvolk), die Nomaden

das **No|men** (Namenwort), die Nomen [Nomina]

der **No|mi|na|tiv** (1. Fall, Werfall)

die **Non|ne**, die Nonnen

**Nord|a|me|ri|ka**; der Nordamerikaner; nordamerikanisch

der **Nor|den**; nördlich; der Nordwind; der Nordpol; Norddeutschland

**Nord|rhein-West|fa|len**; der Nordrhein-Westfale, die Nordrhein-Westfalen, die Nordrhein-Westfälin; nordrhein-westfälisch

die **Nord|see**

**nör|geln**; ich nörgele [nörgle]; die Nörgelei; nörgelig [nörglig]

# No bis Ny

**nor|mal** (üblich)
**Nor|we|gen**; der Norweger, die Norweger, die Norwegerin; norwegisch
die **Not**, die Nöte; er leidet Not
die **No|te**, die Noten
**no|tie|ren**; die Notiz; das Notizbuch
**nö|tig**; notwendig
der **No|vem|ber**
im **Nu** (sehr schnell)
**nüch|tern**
**nu|ckeln**; der Nuckel
die **Nu|del**, die Nudeln
das **Nu|gat**
**null**; er hat null Fehler; die Null (Ziffer), die Nullen; der Nullpunkt
die **Num|mer**, die Nummern; nummerieren
**nun** (jetzt); von nun an
**nur**; nur eine Minute
**Nürn|berg**
**nu|scheln** (undeutlich sprechen)
die **Nuss**, die Nüsse; die Walnuss
die **Nüs|ter** (Nase von Pferden), die Nüstern
**nüt|zen** [nutzen], es nützt [nutzt]; die Nutzen; nützlich
das **Ny|lon** (Stoff für Kleidung); der Nylonstrumpf

# Oa bis Of

die **O|a|se** (Wasserstelle), die Oasen
**ob**
**ob|dach|los** (ohne Unterkunft)
die **O-Bei|ne**; o-beinig
**o|ben**
der **O|ber** (Kellner), die Ober
**o|be|re**; die obere Seite; oberhalb
die **O|ber|flä|che**, die Oberflächen; oberflächlich
**ob|gleich** (obwohl)
das **O|ber|haupt**
das **Ob|jekt** (Gegenstand; grammatisch: Satzergänzung), die Objekte
die **Ob|la|te [O|bla|te]**, die Oblaten
das **Obst**; der Obstsalat
**ob|wohl**
der **Och|se** [Ochs], die Ochsen
**öd** [öde] (einsam)
**o|der**; ich oder du
die **O|der** (Fluss)
der **O|fen**, die Öfen; der Heizofen
**of|fen**; offen stehen; offensichtlich
**öf|fent|lich**; die Öffentlichkeit

**of|fi|zi|ell**
der **Of|fi|zier**, die Offiziere
**öff|nen**, sie öffnet; die Öffnung
**oft**, öfter; öfters; wie oft; so oft
**oh|ne**; ohne weiteres
die **Ohn|macht**; ohnmächtig
das **Ohr**, die Ohren; die Ohrfeige
das **O|ka|pi** (Giraffe mit kurzem Hals), die Okapis
**o|kay** [o.k.] (in Ordnung)

der **Ok|to|ber**
das **Öl**, die Öle; ölen; ölig
die **O|li|ve**, die Oliven
die **O|lym|pi|a|de**; die Olympischen Spiele; die Olympiamannschaft
die **O|ma**, die Omas; Omi
das **O|me|lett**, die Omelette [Omeletts]
der **Om|ni|bus**, die Omnibusse
der **On|kel**, die Onkel
der **O|pa**, die Opas; Opi
die **O|per**, die Opern
die **O|pe|ra|ti|on**, die Operationen; operieren
das **Op|fer**, die Opfer; opfern
die **Op|tik**; der Optiker; die Optikerin
**op|ti|mal** (bestmöglich)
**op|ti|mis|tisch** (an das Gute glaubend)
die **O|ran|ge**, die Orangen
**o|ran|ge** (rotgelb)



der **O|rang-U|tan** (Menschenaffe), die Orang-Utans
das **Or|ches|ter**, die Orchester
der **Or|den**, die Orden
**or|dent|lich**
**ord|nen**; die Ordnung; der Ordner
das **Or|gan**, die Organe
die **Or|ga|ni|sa|ti|on**, die Organisationen; organisieren
die **Or|gel**, die Orgeln; die Organistin
der **O|ri|ent**; orientalisch
sich **o|ri|en|tie|ren**; die Orientierung
das **O|ri|gi|nal**, die Originale
der **Or|kan** (Sturm), die Orkane
der **Ort**, die Orte; die Ortschaft
die **Ö|se**, die Ösen
**Os|lo** (Hauptstadt von Norwegen)
der **Os|ten**; östlich; die Ostsee; Ost und West
**Os|tern**; österlich
**Ös|ter|reich**; der Österreicher, die Österreicher, die Österreicherin; österreichisch
die **Ost|see**
**o|val** (eirund); das Oval
der **O|ver|head|pro|jek|tor**, die Overheadprojektoren
der **O|ze|an**, die Ozeane
das **O|zon|loch**; die Ozonschicht

**paar** (einige); ein paar Nüsse; ein paarmal

das **Paar** (zwei); ein Paar Schuhe; das Pärchen

die **Pacht** (Miete); der Pächter; pachten

das **Päck|chen**, die Päckchen

**pa|cken**, sie packt

**pad|deln**; das Paddel

das **Pa|ket**, die Pakete

der **Pa|last**, die Paläste

die **Pa|let|te** (Scheibe zum Mischen von Farben), die Paletten

die **Pal|me**, die Palmen

der **Palm|sonn|tag**

die **Pam|pel|mu|se** (Frucht), die Pampelmusen

die **Pa|nik**; panikartig; panisch

die **Pan|ne**, die Pannen

das **Pa|no|ra|ma** (Rundblick)

der **Pan|ther** [Panter], die Panther

der **Pan|tof|fel**; ein Paar Pantoffeln

die **Pan|to|mi|me** (Darstellung nur durch Gebärden)

der **Pan|zer**, die Panzer

Pa

der **Pa|pa**, die Papas; Papi

der **Pa|pa|gei**, die Papageien

das **Pa|pier**, die Papiere

die **Pap|pe**; der Pappdeckel

die **Pap|pel** (Baumart), die Pappeln

der **Pa|pri|ka [Pap|ri|ka]** (Gewürz, Gemüse)

der **Papst**, die Päpste

das **Pa|ra|dies**; paradiesisch

der **Pa|ra|graph** [§, Paragraf], die Paragraphen

**pa|ral|lel [par|al|lel]** (nebeneinander; in die gleiche Richtung); die Parallele

der **Pa|ra|sit** (Lebewesen, das auf Kosten anderer lebt), die Parasiten

**pa|rat** (bereit)

das **Pär|chen** (Paar), die Pärchen

das **Par|füm**, die Parfüms

**Pa|ris** (Hauptstadt von Frankreich)

der **Park**, die Parks

**par|ken**, er parkt; der Parkplatz

das **Par|kett**, die Parkette [Parketts]

das **Par|la|ment** (Volksvertretung), die Parlamente; parlamentarisch

die **Pa|ro|le** (Leitspruch), die Parolen

die **Par|tei**, die Parteien

das **Par|ter|re** (Erdgeschoss)

der **Part|ner**, die Partner; die Partnerin

die **Par|ty**, die Partys

P
Qu
R
S
T
U
V
W
X
Y
Z

der **Pass**, die Pässe; der Reisepass
der **Pas|sa|gier**, die Passagiere
der **Pas|sant** (Fußgänger), die Passanten
**pas|sen**, es passt, es passte, es hat gepasst
**pas|sie|ren**; was ist passiert?
**pas|siv** (untätig)
die **Pas|te** [Pasta] (streichbare Masse), die Pasten
der **Pas|tor** (Pfarrer), die Pastoren
der **Pa|te**, die Paten; die Patin; der Patenonkel; die Patenschaft
der **Pa|ter** (katholischer Geistlicher), die Patres [Pater]
der **Pa|ti|ent**, die Patienten; die Patientin
die **Pa|tro|ne [Pat|ro|ne]**, die Patronen
die **Pau|ke**, die Pauken
die **Pau|se**, die Pausen
**pau|sen** (durchzeichnen), sie paust; das Pauspapier
der **Pa|vi|an** (Affe), die Paviane
der **Pa|vil|lon**, die Pavillons

der **Pa|zi|fi|sche O|ze|an** [Pazifik]
der **PC** [Personalcomputer], die PCs
das **Pech**; der Pechvogel
das **Pe|dal** (Fußhebel), die Pedale
der **Pe|gel** (Wasserstand), die Pegel



die **Pein** (Qual); peinigen; peinlich (unangenehm)
die **Peit|sche**, die Peitschen; peitschen, sie peitscht
die **Pel|le** (Haut), die Pellen; pellen
der **Pelz**, die Pelze; der Pelzmantel
das **Pen|del**, die Pendel; pendeln
der **Pe|nis**, die Penisse
die **Pen|si|on**, die Pensionen
**per|fekt** (vollkommen)
das **Per|ga|ment|pa|pier**
die **Pe|ri|o|de** (Zeitraum), die Perioden
die **Per|le**, die Perlen
die **Per|son**, die Personen; persönlich; die Persönlichkeit; das Personal
die **Pe|rü|cke**, die Perücken
**pes|si|mis|tisch** (an das Schlechte glaubend)
die **Pest** (Krankheit)
die **Pe|ter|si|lie**
das **Pe|tro|le|um [Pet|ro|le|um]** (Brennmittel für Lampen)
**pet|zen**, er petzt
der **Pfad**, die Pfade; der Pfadfinder; die Pfadfinderin
der **Pfahl**, die Pfähle
die **Pfalz**; pfälzisch
das **Pfand**, die Pfänder; pfänden
die **Pfan|ne**, die Pfannen; der Pfannkuchen

der **Pfar|rer**, die Pfarrer; die Pfarrerin; die Pfarrei
der **Pfau**, die Pfauen
der **Pfef|fer**; pfeffern, er pfeffert
die **Pfef|fer|min|ze**; der Pfefferminztee
die **Pfei|fe**, die Pfeifen
**pfei|fen**, sie pfeift, ich pfiff, ich habe gepfiffen
der **Pfeil**, die Pfeile; der Giftpfeil
der **Pfei|ler** (einer Brücke), die Pfeiler
der **Pfen|nig** [Pf], die Pfennige
das **Pferd**, die Pferde; die Pferdestärke [PS]
der **Pfiff**, die Pfiffe; pfiffig
der **Pfif|fer|ling** (Pilz), die Pfifferlinge
das **Pfings|ten**; das Pfingstfest
der **Pfir|sich**, die Pfirsiche
**pflan|zen**, er pflanzt; die Pflanze, die Pflanzen; das Pflänzchen
das **Pflas|ter**, die Pflaster; pflastern, er pflastert
die **Pflau|me**, die Pflaumen; das Pflaumenmus
**pfle|gen**, er pflegt; die Pflege; der Pfleger; die Pflegerin
die **Pflicht**, die Pflichten
**pflü|cken**, sie pflückt
der **Pflug**, die Pflüge; pflügen; das Feld wird gepflügt

die **Pfor|te**; der Pförtner; die Pförtnerin
der **Pfos|ten**, die Pfosten
die **Pfo|te**, die Pfoten; das Pfötchen
der **Pfrop|fen** (Korken), die Pfropfen
**pfui!**
das **Pfund** [Pfd.], die Pfunde
**pfu|schen** (schummeln), sie pfuscht
die **Pfüt|ze**, die Pfützen
die **Phy|sik**; physikalisch
der **Pi|ckel**, die Pickel
**pi|cken**; das Huhn pickt
das **Pick|nick**; picknicken
**piep|sen** [piepen], es piepst
**pi|kant** (gut gewürzt)
die **Pil|le**, die Pillen
der **Pi|lot**, die Piloten; die Pilotin
der **Pilz**, die Pilze
der **Pin|gu|in**, die Pinguine
die **Pinn|wand**, die Pinnwände
der **Pin|sel**, die Pinsel; pinseln
die **Pin|zet|te**, die Pinzetten

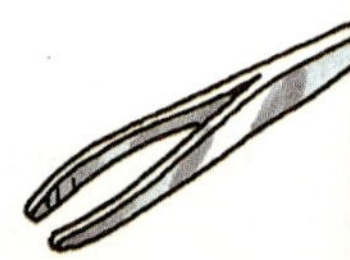

der **Pi|rat**, die Piraten; die Piratin
**pir|schen** (anschleichen); er pirscht sich an
die **Pis|te**, die Pisten
die **Pis|to|le**, die Pistolen
**pitsch|nass**
die **Piz|za**, die Pizzas [Pizzen]; die Pizzeria

der **Pkw** [PKW] (Personenkraftwagen), die Pkws

**pla|gen**; die Plage, die Plagen

das **Pla|kat**, die Plakate

die **Pla|ket|te**, die Plaketten

der **Plan**, die Pläne; der Stundenplan

**pla|nen**, sie plant; planmäßig

die **Pla|ne** (Decke), die Planen

der **Pla|net** (Himmelskörper), die Planeten

**plant|schen**; das Plantschbecken

**plap|pern**, er plappert

**plär|ren**, sie plärrt

das **Plas|tik** (Kunststoff); die Plastiktüte

die **Plas|tik** (Kunstwerk), die Plastiken

**plät|schern**, es plätschert

**platt**; die Platte, die Platten; der Plattenspieler; der Plattfuß

der **Platz**, die Plätze; die Platzkarte; das Plätzchen

**plat|zen**; der Luftballon platzt

**plau|dern**; die Plauderei

**plei|te**; ich bin pleite

die **Plom|be** (Zahnfüllung), die Plomben; plombieren

**plötz|lich**

**plump**

**plump|sen**; der Plumpsack



der **Plun|der** (altes Zeug)

der **Plu|ral** (Mehrzahl)

**plus** (und); der Pluspunkt

**po|chen**; das Herz pocht

die **Po|cke** (Bläschen auf der Haut), die Pocken; die Pockenschutzimpfung

die **Po|e|sie** (Dichtung); das Poesiealbum

der **Po|kal**, die Pokale

der **Pol**, die Pole; der Nordpol

**Po|len**; der Pole, die Polen, die Polin; polnisch

**po|lie|ren** (blank reiben); die Politur

die **Po|li|tik**; der Politiker; die Politikerin; politisch

der **Po|li|zist**, die Polizisten; die Polizistin; die Polizei; die Polizeiwache; polizeilich

der **Pol|len** (Blütenstaub), die Pollen

das **Pols|ter**, die Polster; polstern

**pol|tern**; der Polterabend

die **Pom|mes** [Pommes frites]

das **Po|ny**, die Ponys

das **Pop|corn**

die **Pop|mu|sik**; der Popstar

der **Po|po** [Po], die Popos

**po|pu|lär** (beliebt)

die **Po|re**, die Poren; porös

der **Por|ti|er** (Pförtner), die Portiers

die **Por|ti|on**, die Portionen

das **Port|mo|nee** (Geldtasche), die Portmonees
das **Por|to** (Postgebühr)
das **Por|trät [Port|rät]** (Bild), die Porträts
**Por|tu|gal**; der Portugiese, die Portugiesen, die Portugiesin; portugiesisch
das **Por|zel|lan**
**po|si|tiv** (bejahend, erfreulich)
die **Post**; das Postamt; die Postleitzahl
das [der] **Pos|ter**, die Poster [Posters]
**Pots|dam**
die **Pracht**; prächtig; prachtvoll
das **Prä|di|kat** (grammatisch: Satzaussage), die Prädikate
**Prag** (Hauptstadt der Tschechischen Republik)
**prä|gen**, er prägt
**prah|len**, sie prahlt
**prak|tisch**
die **Pra|li|ne**, die Pralinen
**prall** (voll, kräftig); prallen
die **Prä|mie**, die Prämien
die **Pran|ke**, die Pranken
die **Prä|po|si|ti|on** (Verhältniswort)
die **Prä|rie** (Grassteppe), die Prärien
das **Prä|sens** (grammatisch: Gegenwart)
der **Prä|si|dent**, die Präsidenten; die Präsidentin; der Bundespräsident

**pras|seln**; der Regel prasselt
das **Prä|te|ri|tum [Prä|ter|i|tum]** (grammatisch: Vergangenheit)
die **Pra|xis**, die Praxen; die Arztpraxis
**prä|zis** [präzise] (genau)
die **Pre|digt**; predigen
der **Preis**, die Preise; preiswert
die **Prei|sel|bee|re**, die Preiselbeeren
die **Prel|lung**, die Prellungen; prellen
die **Pre|mi|e|re** (Erstaufführung), die Premieren
**Preß|burg** (Hauptstadt der Slowakei)
die **Pres|se**; pressen
**pri|ckeln**; prickelnd
der **Pries|ter**, die Priester
**pri|ma** (besonders gut)
die **Pri|mel** (Blumenart), die Primeln

**pri|mi|tiv** (einfach)
der **Prinz**, die Prinzen; die Prinzessin
das **Prin|zip** (Grundsatz), die Prinzipien
**pri|vat**; das Privatleben
**pro** (für; je); pro Stück
die **Pro|be**, die Proben; probieren
das **Prob|lem [Pro|blem]**, die Probleme; problematisch
das **Pro|dukt** (Erzeugnis), die Produkte; die Produktion; produzieren

der **Pro|fes|sor**, die Professoren; die Professorin
das **Pro|fil** (Ansicht von der Seite), die Profile
das **Pro|gramm**, die Programme; programmieren
das **Pro|jekt** (Vorhaben), die Projekte
der **Pro|jek|tor**, die Projektoren
**prompt** (sofort)
das **Pro|no|men** (Fürwort), die Pronomen
der **Pro|pel|ler**, die Propeller
der **Pro|phet** (Weissager), die Propheten; prophezeien
das **Pro|sit**; prosit [prost] Neujahr!
der **Pro|spekt [Pros|pekt]**, die Prospekte
der **Pro|test**, die Proteste; protestieren
der **Pro|tes|tant** (Angehöriger der protestantischen Kirche), die Protestanten; protestantisch
das **Pro|to|koll**, die Protokolle
der **Pro|vi|ant** (Verpflegung)
das **Pro|zent** [%], die Prozente
der **Pro|zess**, die Prozesse
die **Pro|zes|sion**, die Prozessionen
die **Prü|fung**, die Prüfungen; prüfen; der Prüfling
**prü|geln**; die Prügel (Mehrzahl)
die **Pu|ber|tät** (Jugendalter)



das **Pub|li|kum [Pu|bli|kum]** (Zuschauer)
der **Pud|ding**, die Puddinge [Puddings]
der **Pu|del**, die Pudel; pudelnass
der [das] **Pu|der**, die Puder; pudern
der **Puf|fer** (Kartoffelpuffer), die Puffer
der **Pul|li**, die Pullis
der **Pul|lo|ver [Pull|o|ver]**, die Pullover
der **Puls**, die Pulse, die Pulsader
das **Pult**, die Pulte
das **Pul|ver**, die Pulver; der Pulverschnee
**pum|me|lig** [pummlig] (dicklich)
die **Pum|pe**, die Pumpen; pumpen
der **Punkt**, die Punkte
**pünkt|lich**
die **Pu|pil|le**, die Pupillen
die **Pup|pe**, die Puppen
**pur** (rein, unvermischt)
das **Pü|ree** (Brei), die Pürees
**pur|zeln**; der Purzelbaum
**pus|ten**, sie pustet; die Puste
die **Pu|te**, die Puten
**put|zen**, er putzt; putzig
das **Puz|zle** (Legespiel), die Puzzles; puzzeln, sie puzzelt
der **Py|ja|ma** (Schlafanzug), die Pyjamas
die **Py|ra|mi|de**, die Pyramiden

O P Qu R S T U V W X Y Z

das **Qua|drat [Quad|rat]**, die Quadrate; quadratisch

**qua|ken**; der Frosch quakt

**quä|len**; er quält; die Qual, die Qualen; qualvoll

die **Qua|li|fi|ka|ti|on**; qualifizieren

die **Qua|li|tät**, die Qualitäten

die **Qual|le**, die Quallen

der **Qualm**; qualmen

der **Quark**; die Quarkspeise

das **Quar|tal** (Vierteljahr), die Quartale

das **Quar|tett**, die Quartette

das **Quar|tier**, die Quartiere

der **Quarz**, die Quarze; die Quarzuhr

**quas|seln**, er quasselt

der **Quatsch**; quatschen

das **Queck|sil|ber** (im Thermometer)

die **Quel|le**, die Quellen; quellen, es quillt, es quoll, es ist gequollen

**quen|geln**, sie quengelt

**quer**; querfeldein; die Quere

**quet|schen**; die Quetschung

**quie|ken**; das Schwein quiekt

**quiet|schen**; die Tür quietscht

der **Quirl**, die Quirle; quirlen

die **Quit|tung**, die Quittungen; quittieren; quitt; wir sind quitt

das **Quiz**; der Quizmaster

die **Quo|te** (Anteil), die Quoten

der **Ra|batt** (Preisnachlass)
der **Ra|bau|ke** (Rüpel), die Rabauken
der **Rab|bi|ner** (jüdischer Geistlicher), die Rabbiner
der **Ra|be**, die Raben
**ra|bi|at** (grob, gewalttätig)
die **Ra|che**; rächen; rachsüchtig
der **Ra|chen**, die Rachen
das **Rad**, die Räder; der Radfahrer; die Radfahrerin; Rad fahren, sie fährt Rad; Rad schlagen
das [der] **Ra|dar**; das Radargerät
der **Ra|dau** (Lärm)
**ra|die|ren**; der Radiergummi, die Radiergummis
das **Ra|dies|chen**, die Radieschen
**ra|di|kal** (gründlich; rücksichtslos)
das **Ra|dio**, die Radios
die **Ra|di|o|ak|ti|vi|tät**; radioaktiv

der **Ra|di|us** (Halbmesser des Kreises), die Radien
**raf|fen**; die Raffgier; raffgierig
**raf|fi|niert** (schlau)
der **Rahm** (Sahne)
der **Rah|men**, die Rahmen; rahmen; einrahmen
sich **rä|keln** [rekeln], sie räkelt sich
die **Ra|ke|te**, die Raketen
die **Ral|lye**, die Rallyes; die Stadtrallye
der **Ra|ma|dan** (islamischer Fastenmonat)
**ram|men** (anstoßen); sie rammte ein Auto
die **Ram|pe**, die Rampen
der **Ramsch** (alte Ware)
der **Rand**, die Ränder
**ran|da|lie|ren** (lärmen)
der **Rang**, die Ränge
sich **ran|geln**; die Rangelei
**ran|gie|ren** (verschieben); die Rangierlok
**rank** (schlank)
die **Ran|ke**, die Ranken; ranken
er **rann|te** → rennen
der **Ran|zen**, die Ranzen
**ran|zig**; ranzige Butter
**ra|pid** [rapide] (sehr schnell)
der **Rap|pe** (schwarzes Pferd), die Rappen
der **Raps** (Ölpflanze)
**rar** (selten); die Rarität

**ra|sant** (sehr schnell)
**rasch**, rascher, am raschesten
**ra|scheln**; es raschelt im Stroh
**ra|sen**, sie rast; rasend
der **Ra|sen**; der Rasenmäher
**ra|sie|ren**; der Rasierapparat
die **Ras|pel** (Werkzeug), die Raspeln; raspeln
die **Ras|pel** (kleine Stücke); die Schokoladenraspel
die **Ras|se**, die Rassen
**ras|seln**; die Rassel
**ras|ten**; die Rast; die Raststätte
die **Ra|te** (Teilzahlung), die Raten
**ra|ten**, sie rät, ich riet, ich habe geraten; erraten; beraten; ratlos; der Rat; das Rathaus
die **Ra|ti|on** (Anteil), die Rationen
das **Rät|sel**, die Rätsel; rätseln
die **Rat|te**, die Ratten
**rat|tern**; der Motor rattert
**rau**, rauer, am rauesten [rausten]; der Raureif
**rau|ben**; der Raub; der Räuber; das Raubtier
**rau|chen**; der Rauch; der Raucher; die Raucherin
**räu|chern**, er räuchert

**rauf** (herauf); raufgehen
**rau|fen**; die Rauferei
der **Raum**, die Räume; die Raumfahrt; das Raumschiff

**räu|men** (leer machen)
**rau|nen** (flüstern), sie raunt; das Raunen
die **Rau|pe**, die Raupen
**raus** (heraus); rauskommen
der **Rausch**; das Rauschgift
**rau|schen**, es rauscht; das Geräusch
sich **räus|pern**, er räuspert sich
die **Ra|vi|o|li** (gefüllte Nudeltaschen)
die **Raz|zia** (Polizeifahndung), die Razzien
**re|a|gie|ren**; sie reagiert; die Reaktion
der **Re|ak|tor** (im Atomkraftwerk), die Reaktoren
**re|al** (wirklich); die Realität
die **Re|al|schu|le**; der Realschüler; die Realschülerin
die **Re|be** (Zweig des Weinstocks), die Reben; der Rebstock
der **Re|chen** (Harke), die Rechen
**rech|nen**, sie rechnet; die Rechnung, die Rechnungen

**recht**; es ist mir recht; jetzt erst recht

das **Recht**, die Rechte; du hast Recht; zu Recht; der Rechtsanwalt; die Rechtsanwältin

das **Recht|eck**; rechteckig

sich **recht|fer|ti|gen**

**rechts**; rechtshändig; die rechte Hand

die **Recht|schrei|bung**

**recht|zei|tig**

das **Reck**, die Recke [Recks]

sich **re|cken**; er reckt sich

das **Re|cyc|ling [Re|cy|cling]** (Wiederverwertung von Müll)

**re|den**; die Rede; redselig; der Redner; die Rednerin

**red|lich** (ehrlich)

die **Re|form** (Neugestaltung), die Reformen; reformieren; die Reformation

der **Re|frain [Ref|rain]** (Kehrreim), die Refrains

das **Re|gal**, die Regale

**re|ge** (flink)

die **Re|gel**, die Regeln; regelmäßig; regelrecht; regeln

sich **re|gen**; die Regung; reglos

der **Re|gen**; regnen; regnerisch; der Regenwald

**re|gie|ren**; die Regierung

der **Re|gis|seur** (Spielleiter), die Regisseure; die Regisseurin

das **Reh**, die Rehe; das Rehkitz

**rei|ben**, sie reibt, ich rieb, ich habe gerieben; die Reibung

**reich**, reicher, am reichsten; der Reiche; der Reichtum; reichhaltig; reichlich

das **Reich**; das Königreich

**rei|chen** (genug sein); es reicht mir

**rei|chen** (geben); sie reicht den Stift

**reif**; reifen; die Reife

der **Reif** (gefrorener Tau)

der **Reif** (Ring); der Armreif

der **Rei|fen**, die Reifen

der **Rei|gen** (Tanz im Kreis), die Reigen

die **Rei|he**, die Reihen; reihen

der **Reim**, die Reime; reimen

**rein** (herein); reingehen

**rein** (sauber); rein machen; reinigen; die Reinigung

der **Reis**; der Reisbrei

**rei|sen**, sie reist, ich reiste, ich bin gereist; die Reise; das Reisebüro

**rei|ßen**, er reißt, ich riss, ich habe gerissen; der Riss, die Risse; der Reißverschluss

P Qu R S T U V W X Y Z

**rei|ten**, sie reitet, ich ritt, ich bin [habe] geritten; der Reiter; die Reiterin

**rei|zen**; sie reizt ihn; gereizt; der Reiz, die Reize; reizend

sich **re|keln** [räkeln]

die **Re|kla|ma|tion** (Beschwerde); reklamieren

die **Re|kla|me** (Werbung)

der **Re|kord**, die Rekorde

der **Re|kor|der** [Recorder], die Rekorder; der Kassettenrekorder

der **Rek|tor**, die Rektoren; die Rektorin

**re|la|tiv** (vergleichsweise); sie ist relativ groß

die **Re|li|gi|on**, die Religionen; religiös (fromm)

**rem|peln**; die Rempelei

das **Ren** [Rentier] (Hirschart), die Rens [Rene]

**ren|nen**, er rennt, ich rannte, ich bin gerannt; das Rennen

**re|no|vie|ren**; die Renovierung

die **Ren|te**, die Renten; der Rentner; die Rentnerin

**re|pa|rie|ren**; die Reparatur

der **Re|por|ter**, die Reporter; die Reporterin; die Reportage

das **Rep|til**, die Reptilien

die **Re|pu|blik [Re|pub|lik]**, die Republiken

die **Re|ser|ve** (Vorrat), die Reserven

**re|ser|vie|ren** (vorbestellen)

der **Res|pekt [Re|spekt]** (Achtung; Ansehen); respektlos

der **Rest**, die Reste

das **Res|tau|rant [Re|stau|rant]**, die Restaurants

das **Re|sul|tat** (Ergebnis), die Resultate

**ret|ten**; der Retter; die Rettung

der **Ret|tich**, die Rettiche

die **Reue**; reumütig; bereuen

das **Re|vier** (Bezirk), die Reviere

der **Re|vol|ver**, die Revolver

**Reyk|ja|vik** (Hauptstadt von Island)

das **Re|zept**, die Rezepte

der **Rha|bar|ber** (Pflanzenart)

der **Rhein** (Fluss)

das **Rhein|land**; der Rheinländer, die Rheinländer, die Rheinländerin; rheinländisch

**Rhein|land-Pfalz**; rheinland-pfälzisch

das **Rheu|ma**; der Rheumatismus

der **Rhyth|mus**, die Rhythmen; rhythmisch

der **Rich|ter**, die Richter; die Richterin; richten

**rich|tig**; die Richtigkeit

die **Rich|tung**, die Richtungen
**rie|chen**, er riecht, ich roch, ich habe gerochen; der Geruch, die Gerüche
er **rief** → rufen
die **Rie|ge** (beim Turnen), die Riegen
der **Rie|gel**, die Riegel
der **Rie|men**, die Riemen
der **Rie|se**, die Riesen; riesig; riesengroß
**rie|seln**; der Schnee rieselt
**Ri|ga** (Hauptstadt von Lettland)
die **Ril|le**, die Rillen
das **Rind**, die Rinder
die **Rin|de**, die Rinden
der **Ring**, die Ringe; der Ringfinger
**rin|gen**, er ringt, ich rang, ich habe gerungen; der Ringer; der Ringkampf
**rings**; ringsum
die **Rin|ne**, die Rinnen
**rin|nen**, es rinnt, es rann, es ist geronnen
das **Rinn|sal** (kleiner Bach)
die **Rip|pe**, die Rippen
das **Ri|si|ko** (Wagnis), die Risikos [Risiken]; riskieren; riskant
sie **riss** → reißen
der **Riss**, die Risse



der **Rit|ter**, die Ritter; ritterlich

**rit|zen**, sie ritzt; geritzt; der Ritz (Kratzer), die Ritze
die **Rit|ze** (Spalte), die Ritzen
der **Ri|va|le** (Gegner), die Rivalen; die Rivalin
die **Rob|be**, die Robben
der **Ro|bo|ter**, die Roboter
**ro|bust** (kräftig)
**rö|cheln**, sie röchelt
der **Rock**, die Röcke
der **Rock**; die Rockmusik; der Rocker; die Rockerin
**ro|deln**, er rodelt; die Rodelbahn
**ro|den** (abholzen); die Bäume roden
der **Rog|gen** (Getreide)
**roh**, roher, am rohesten [rohsten]; die Rohheit
das **Rohr**, die Rohre
die **Röh|re**, die Röhren
der **Roh|stoff**, die Rohstoffe
**rol|len**, sie rollt; die Rolle, die Rollen; der Roller; der Rollschuh; die Rolltreppe; die Rollerblades
der **Roll|la|den**, die Rollläden [Rollladen]

der **Roll|mops**, die Rollmöpse
das **Rol|lo** (am Fenster), die Rollos
**Rom** (Hauptstadt von Italien); der Römer, die Römer, die Römerin; römisch
der **Ro|man**, die Romane
**ro|man|tisch**; die Romantik
**rönt|gen**; er wurde geröntgt; die Röntgenaufnahme
**ro|sa**; rosarot; rosig
die **Ro|se**, die Rosen; das Röslein
der **Ro|sen|kranz**, die Rosenkränze
die **Ro|si|ne**, die Rosinen
das **Ross** (Pferd), die Rosse [Rösser]
**ros|ten**; rostig; der Rost; das Rostschutzmittel
**rös|ten**; der Brotröster
**rot**; rötlich
das **Ro|te Kreuz**
die **Rö|teln** (Krankheit)
das **Rot|käpp|chen** (Märchenfigur)
das **Rot|kehl|chen** (Vogelart), die Rotkehlchen
die **Rou|te** (Reiseweg), die Routen
der **Row|dy** (gewalttätiger Mensch), die Rowdys
**rub|beln** (kräftig reiben)
die **Rü|be**, die Rüben; das Rübenkraut
der **Rü|be|zahl** (Berggeist)



der **Ruck**, die Rucke; hau ruck!; ruckartig; rucken
**rü|cken**; er rückt den Stuhl
der **Rü|cken**, die Rücken; das Rückgrat
die **Rück|fahrt**, die Rückfahrten; die Rückfahrkarte
die **Rück|kehr**
das **Rück|licht**, die Rücklichter
der **Ruck|sack**, die Rucksäcke
die **Rück|sicht**; rücksichtslos
der **Rück|strah|ler** (am Fahrrad)
**rück|wärts**; er fährt rückwärts; der Rückwärtsgang (beim Auto)
der **Rü|de** (männlicher Hund), die Rüden
das **Ru|del** (Tiergruppe), die Rudel
**ru|dern**; das Ruder, die Ruder; der Ruderer; das Ruderboot
**ru|fen**, sie ruft, ich rief, ich habe gerufen; der Ruf, die Rufe; das Rufzeichen
**rü|gen**; sie rügt ihn; die Rüge, die Rügen
die **Ru|he**; ruhen; ruhig
der **Ruhm**; berühmt; rühmen; er rühmt sich
**rüh|ren**, sie rührt; rührend; die Rührung; das Rührei
das **Ruhr|ge|biet** (Wirtschaftsgebiet in Deutschland)

die **Ru|i|ne** (verfallenes Bauwerk), die Ruinen; die Burgruine; ruinieren (kaputtmachen)

**rülp|sen**, er rülpst; der Rülpser

**rum** (herum); rumlaufen

der **Rum**; Tee mit Rum; der Rumtopf

**Ru|mä|ni|en**; der Rumäne, die Rumänen, die Rumänin; rumänisch

der **Rum|mel**; der Rummelplatz

**ru|mo|ren** (lärmen)

die **Rum|pel|kam|mer**

**rum|peln**; der Wagen rumpelt; der Weg ist rumpelig [rumplig]

das **Rum|pel|stilz|chen** (Märchenfigur)

der **Rumpf** (Oberkörper), die Rümpfe

**rümp|fen**; sie rümpft die Nase

das **Rump|steak** (Rindfleischscheibe), die Rumpsteaks

**rund**; rundherum; rundum;

**rund|lich**; die Runde, die Runden; die Rundfahrt; der Rundgang

der **Rund|funk**; das Rundfunkprogramm

**run|ter** (herunter); runterkommen

**run|zeln**; runzelig [runzlig]; die Runzel (Falte), die Runzeln

der **Rü|pel**, die Rüpel; rüpelhaft

**rup|fen**; die Federn rupfen

**rup|pig**; die Ruppigkeit

die **Rü|sche**, die Rüschen

der **Ruß**; rußig; rußen, die Flamme rußt

der **Rüs|sel**, die Rüssel

**Russ|land**; der Russe, die Russen, die Russin; russisch

**rüs|tig** (kräftig, frisch)

die **Rüs|tung**, die Rüstungen; rüsten; rüstig

die **Ru|te**, die Ruten

**rut|schen**, sie rutscht; die Rutsche; rutschig

**rüt|teln**, ich rüttle [rüttele], er rüttelt

der **Saal**, die Säle
**Saar|brü|cken**
das **Saar|land**; der Saarländer; die Saarländer, die Saarländerin; saarländisch
die **Saat**, die Saaten; das Saatkorn
der **Sab|bat** (jüdischer Feiertag), die Sabbate
**sab|bern**; das Baby sabbert
der **Sä|bel**, die Säbel; säbeln
die **Sa|che**, die Sachen; sachlich; der Sachunterricht
**Sach|sen**; der Sachse, die Sachsen, die Sächsin; sächsisch
**Sach|sen-An|halt**; sachsen-anhaltisch
**sacht** [sachte] (leise, sanft)
der **Sack**, die Säcke; die Sackgasse; das Sackhüpfen
**sä|en**, sie sät, ich säte, ich habe gesät
die **Sa|fa|ri**, die Safaris; der Safaripark
der [das] **Safe** (Geldschrank), die Safes
der **Saft**, die Säfte; saftig, saftiger, am saftigsten
die **Sa|ge**, die Sagen; sagenhaft
die **Sä|ge**, die Sägen; sägen, er sägt; das Sägeblatt; die Sägespäne
**sa|gen**, er sagt
er **sah** → sehen
die **Sa|ha|ra** (Wüste)
die **Sah|ne**; sahnig
die **Sai|son**, die Saisons
die **Sai|te** (beim Musikinstrument), die Saiten
das **Sa|kra|ment [Sak|ra|ment]** (in der katholischen Kirche), die Sakramente
die **Sa|kris|tei [Sak|ris|tei]** (kleiner Kirchenraum)
der **Sa|la|man|der** (Lurchart), die Salamander
die **Sa|la|mi**, die Salami [Salamis]
der **Sa|lat**, die Salate
die **Sal|be**, die Salben
der **Sal|to** (Überschlag), die Saltos [Salti]
das **Salz**, die Salze; salzen; salzig
der **Sa|men** [Same], die Samen
**sam|meln**, sie sammelt; der Sammler; die Sammlerin; die Sammlung
der **Sams|tag** (Sonnabend); am Samstag; samstags

der **Samt**; das Samtkleid
**samt** (mit); sämtlich
das **Sa|na|to|ri|um** (Heilanstalt)
der **Sand**; der Sandkasten; sandig
die **San|da|le**; ein Paar Sandalen
das **Sand|wich** (belegte Weißbrot-schnitte), die Sandwiches
**sanft**; sanftmütig
die **Sänf|te** (Tragestuhl), die Sänften
sie **sang** → singen
der **Sän|ger**, die Sänger; die Sängerin
der **Sa|ni|tä|ter**, die Sanitäter; die Sanitäterin
**Sankt** [St.]; Sankt Nikolaus
**Sa|ra|je|wo** (Hauptstadt von Bosnien-Herzegowina)
die **Sar|di|ne** (Fischart), die Sardinen
der **Sarg**, die Särge
er **saß** → sitzen
der **Sa|tan** (Teufel)
der **Sa|tel|lit**, die Satelliten

**satt**; sich satt essen; etwas satt bekommen
der **Sat|tel**, die Sättel; satteln; der Sattelschlepper
der **Satz**, die Sätze; das Satzglied; der Satzgegenstand; die Satzaussage; der Satzkern

die **Sau**, die Säue [Sauen]
**sau|ber**, sauberer, am saubersten; die Sauberkeit; sauber machen
die **Sau|ce** [Soße], die Saucen
**sau|er**, saurer, am sauersten; säuerlich; die Säure; das Sauerkraut
der **Sau|er|stoff**; die Sauerstoffflasche
**sau|fen**, er säuft, ich soff, ich habe gesoffen; der Säufer; die Säuferin
**sau|gen**, sie saugt, sie sog [saugte], sie hat gesogen [gesaugt]; der Sauger
**säu|gen**, sie säugt ihre Jungen, sie säugte, sie hat gesäugt; das Säugetier; der Säugling
die **Säu|le**, die Säulen
der **Saum**, die Säume; säumen
die **Sau|na**, die Saunas [Saunen]
die **Säu|re**, die Säuren
der **Sau|ri|er**, die Saurier
**sau|sen**, du saust, ich sauste, ich bin gesaust
das **Sa|xo|fon** [Saxophon] (Musikinstrument), die Saxofone
die **S-Bahn** (Schnellbahn), die S-Bahnen
**scha|ben**, er schabt
der **Scha|ber|nack** (Streich)
**schä|big** (armselig)
die **Scha|blo|ne [Schab|lo|ne]**, die Schablonen

das **Schach**; die Schachfigur; schachmatt
der **Schacht**, die Schächte
die **Schach|tel**, die Schachteln
**scha|de**; es ist schade
der **Schä|del**, die Schädel
der **Scha|den**, die Schäden; der Schädling; schädlich; schaden; schadenfroh

das **Schaf**, die Schafe; der Schäfer; die Schäferin; der Schäferhund
**schaf|fen**; sie schafft es, ich schaffe es, ich habe es geschafft
der **Schaff|ner**, die Schaffner; die Schaffnerin
der **Schal**, die Schals
die **Scha|le**, die Schalen; schälen, er schält
der **Schall**; die Schallplatte; schallen
**schal|ten**, sie schaltet; der Schalter, die Schalter
das **Schalt|jahr**
sich **schä|men**; beschämen; die Scham; schamlos
die **Schan|de**; schändlich
die **Schan|ze**, die Schanzen; die Sprungschanze
die **Schar**, die Scharen; scharenweise
**scharf**, schärfer, am schärfsten; schärfen; die Schärfe

der **Schar|lach** (Krankheit)
das **Schar|nier** (Drehgelenk an Türen), die Scharniere
**schar|ren**; das Huhn scharrt
das [der] **Schasch|lik** (kleiner Fleischspieß)
der **Schat|ten**, die Schatten; schattig
der **Schatz**, die Schätze; die Schatztruhe
**schät|zen**, er schätzt
**schau|der|haft**; der Schauder
**schau|en**, sie schaut; die Schau [Show]; das Schaufenster
der **Schau|er** (Regen), die Schauer
der **Schau|er** (Schreck), die Schauer; schauerlich; schaurig; die Schauergeschichte
die **Schau|fel**, die Schaufeln; schaufeln, er schaufelt
die **Schau|kel**, die Schaukeln; das Schaukelpferd; schaukeln, er schaukelt
der **Schaum**, die Schäume; schäumen
der **Schau|spie|ler**, die Schauspieler; die Schauspielerin; das Schauspiel
der **Scheck**, die Schecks; die Scheckkarte
**sche|ckig** (gefleckt)
die **Schei|be**, die Scheiben; die Glasscheibe; die Brotscheibe

der **Scheich**, die Scheiche
[Scheichs]

die **Schei|de**, die Scheiden

**schei|den**, er scheidet,
ich schied,
ich bin geschieden; die Scheidung

der **Schein**, die Scheine; der Geldschein;
der Sonnenschein

**schei|nen**; die Sonne scheint;
sie schien, sie hat geschienen;
scheinbar

der **Schei|tel**, die Scheitel

**schei|tern**, sie scheitert,
ich scheiterte, ich bin gescheitert

die **Schel|le** (Glocke), die Schellen;
schellen

der **Schelm**, die Schelme; schelmisch

**schel|ten**, er schilt, ich schalt,
ich habe gescholten; die Schelte

der **Schen|kel**, die Schenkel

**schen|ken**; das Geschenk

**schep|pern** (klappern)

die **Scher|be**, die Scherben;
der Scherbenhaufen

die **Sche|re**, die Scheren

die **Sche|re|rei** (Unannehmlichkeit),
die Scherereien

der **Scherz**, die Scherze; scherzen,
sie scherzt; scherzhaft

**scheu**, scheuer, am scheuesten;
die Scheu; ohne Scheu

**scheu|chen**; die Vogelscheuche

**scheu|en**; das Pferd scheut

**scheu|ern**, er scheuert

die **Scheu|ne**, die Scheunen

das **Scheu|sal**, die Scheusale

**scheuß|lich**

der **Schi** [Ski], die Schier;
Schi laufen; ich laufe Schi

die **Schicht**, die Schichten

**schick**; ein schickes Tuch

**schi|cken**; sie schickt eine Karte

das **Schick|sal**, die Schicksale

**schie|ben**, er schiebt, ich schob,
ich habe geschoben

der **Schieds|rich|ter**, die Schiedsrichter;
die Schiedsrichterin

**schief**, schiefer, am schiefsten

der **Schie|fer** (Gesteinsart);
das Schieferdach

**schie|len**, er schielt

das **Schien|bein**, die Schienbeine

die **Schie|ne**, die Schienen

**schie|ßen**, sie schießt,
ich schoss, ich habe geschossen;
der Schuss

das **Schiff**, die Schiffe; die Schifffahrt;
der Binnenschiffer

die **Schi|ka|ne** (Bosheit), die Schikanen; schikanieren
das **Schild**, die Schilder
der **Schild** (des Ritters), die Schilde
**schil|dern**; die Schilderung
die **Schild|krö|te**, die Schildkröten
das **Schilf** (Grasart am Wasser); das Schilfrohr
**schil|lern**, es schillert
der **Schim|mel** (weißes Pferd), die Schimmel
der **Schim|mel** (Pilz); schimmeln; schimmelig [schimmlig]
**schim|mern**; der Schimmer
der **Schim|pan|se** (Affenart), die Schimpansen
**schimp|fen**, er schimpft; das Schimpfwort
der **Schin|ken**, die Schinken

die **Schip|pe**, die Schippen; schippen, er schippt Schnee
der **Schirm**, die Schirme; der Sonnenschirm; der Bildschirm
die **Schlacht**, die Schlachten
**schlach|ten**; der Schlachter (Metzger); die Schlachterei
die **Schlä|fe** (Teil des Kopfes), die Schläfen

**schla|fen**, er schläft, ich schlief, ich habe geschlafen; der Schlaf; schläfrig
**schlaff**
**schla|gen**, er schlägt, ich schlug, ich habe geschlagen; der Schlag, die Schläge; die Schlägerei; die Schlagsahne
der **Schla|ger**, die Schlager; der Schlagersänger; die Schlagersängerin
der **Schlamm**; schlammig
**schlam|pig**; die Schlamperei
die **Schlan|ge**, die Schlangen; Schlange stehen; sich schlängeln
**schlank**, schlanker, am schlanksten
**schlapp**; schlapp machen; die Schlappe (Niederlage)
das **Schla|raf|fen|land**
**schlau**, schlauer, am schlausten [schlauesten]; der Schlauberger
der **Schlauch**, die Schläuche
die **Schlau|fe**, die Schlaufen
**schlecht**, schlechter, am schlechtesten
**schle|cken**; die Schleckerei
**schlei|chen**, sie schleicht, ich schlich, ich bin geschlichen
der **Schlei|er**, die Schleier

**schlei|er|haft** (rätselhaft)

die **Schlei|fe**, die Schleifen

**schlei|fen**, er schleift, ich schliff, ich habe geschliffen; der Schliff

der **Schleim**; schleimig

**schlem|men**, sie schlemmt

**schlen|dern**, er schlendert

**schlen|kern**, sie schlenkert

**schlep|pen**, er schleppt; der Schlepper; im Schlepp

**Schles|wig-Hol|stein**; schleswig-holsteinisch

**schleu|dern**, sie schleudert; die Schleuder, die Schleudern

**schleu|nig** (schnell); schleunigst

die **Schleu|se**, die Schleusen

**schlicht**

**schlich|ten**; den Streit schlichten

der **Schlick** (Schlamm)

**schlie|ßen**, du schließt, ich schloss, ich habe geschlossen; das Schließfach

**schließ|lich**

**schlimm**, schlimmer, am schlimmsten

die **Schlin|ge**, die Schlingen

der **Schlin|gel**, die Schlingel

**schlin|gen**, er schlingt, ich schlang, ich habe geschlungen

der **Schlips** (Krawatte), die Schlipse

der **Schlit|ten**, die Schlitten; Schlitten fahren

**schlit|tern**, sie schlittert

der **Schlitt|schuh**, die Schlittschuhe

der **Schlitz**, die Schlitze

das **Schloss**, die Schlösser

der **Schlos|ser**, die Schlosser; die Schlosserin; die Schlosserei

der **Schlot** (Schornstein), die Schlote

**schlot|tern**, er schlottert

die **Schlucht**, die Schluchten

**schluch|zen**, sie schluchzt; das Schluchzen

**schlu|cken**, er schluckt; der Schluck; der Schluckauf; die Schluckimpfung

**schlu|dern**, sie schludert; schluderig [schludrig]

**schlum|mern**; der Schlummer

**schlüp|fen**, er schlüpft; der Schlüpfer

**schlur|fen**; er schlurft über den Flur

**schlür|fen**; sie schlürft Milch

der **Schluss**, die Schlüsse; der Kurzschluss

der **Schlüs|sel**, die Schlüssel; das Schlüsselloch

**schmäch|tig**, schmächtiger, am schmächtigsten

**schmack|haft**  
**schmal**, schmaler [schmäler], am schmalsten [schmälsten]  
das **Schmalz**; schmalzig  
**schma|rot|zen** (auf Kosten anderer leben); der Schmarotzer  
**schmat|zen**, er schmatzt  
**schmau|sen** (gut essen), sie schmaust; der Schmaus  
**schme|cken**, es schmeckt  
**schmei|cheln**; schmeichelhaft  
**schmei|ßen**, sie schmeißt, ich schmiss, ich habe geschmissen  
**schmel|zen**; das Eis schmilzt; es schmolz, es ist geschmolzen  
der **Schmerz**, die Schmerzen; die Schmerztabletten; schmerzen; schmerzhaft; schmerzlich  
der **Schmet|ter|ling**, die Schmetterlinge  
**schmet|tern**, er schmettert; der Schmetterball  
der **Schmied**, die Schmiede; die Schmiede; schmieden  
**schmie|ren**, sie schmiert; der Schmierfink; schmierig  
**schmin|ken**; sie schminkt sich; die Schminke  
**schmir|geln**, er schmirgelt; das Schmirgelpapier

**schmö|kern**, sie schmökert  
**schmol|len**, er schmollt  
**schmo|ren**; der Schmorbraten  
**schmü|cken**, sie schmückt; der Schmuck  
**schmug|geln**, du schmuggelst; der Schmuggler; der Schmuggel  
**schmun|zeln**, sie schmunzelt  
**schmu|sen**, er schmust  
**schmut|zig**, schmutziger, am schmutzigsten; der Schmutz; der Schmutzfink  
der **Schna|bel**, die Schnäbel  
die **Schna|ke** (Stechmücke), die Schnaken  
die **Schnal|le**, die Schnallen; schnallen, er schnallt  
**schnal|zen**, sie schnalzt  
**schnap|pen**, er schnappt  
der **Schnaps**, die Schnäpse  
**schnar|chen**, sie schnarcht  
**schnat|tern**; die Gans schnattert  
**schnau|ben**, er schnaubt  
**schnau|fen**, sie schnauft  
die **Schnau|ze**, die Schnauzen; schnauzen (schimpfen)

sich **schnäu|zen**, er schnäuzt sich  
die **Schne|cke**, die Schnecken  
der **Schnee**; der Schneeball; schneeweiß



P Qu R S T U V W X Y Z

das **Schnee|glöck|chen**, die Schneeglöckchen
**schnei|den**, sie schneidet, ich schnitt, ich habe geschnitten
der **Schnei|der**, die Schneider; die Schneiderin; schneidern
**schnei|en**, es schneit, es schneite, es hat geschneit
die **Schnei|se** (Streifen im Wald ohne Bäume), die Schneisen
**schnell**, schneller, am schnellsten; der Schnellzug
**schnip|pisch** (frech)
der [das] **Schnip|sel**, die Schnipsel
der **Schnitt**, die Schnitte; die Schnittwunde; der Haarschnitt
die **Schnit|te** (Brot), die Schnitten
der **Schnitt|lauch**
das **Schnit|zel**, die Schnitzel; das Wiener Schnitzel
**schnit|zen**, er schnitzt
der **Schnor|chel**, die Schnorchel
der **Schnör|kel**, die Schnörkel
**schnüf|feln**, er schnüffelt
der **Schnul|ler**, die Schnuller
der **Schnup|fen**
**schnup|pern**, er schnuppert
die **Schnur**, die Schnüre; schnüren; die Schnürsenkel

der **Schnurr|bart**, die Schnurrbärte
**schnur|ren**; die Katze schnurrt
der **Schock**; schocken; schockieren
die **Scho|ko|la|de**
die **Schol|le** (Fisch), die Schollen; das Schollenfilet
**schon**; er ist schon da
**schön**, schöner, am schönsten; etwas Schönes; die Schönheit; das Schönschreiben
**scho|nen**; sie schont ihn; die Schonkost; die Schonung
der **Schopf**, die Schöpfe
**schöp|fen**, er schöpft; der Schöpfer; die Schöpfung
der **Schorf** (Kruste auf einer Wunde)
der **Schorn|stein**, die Schornsteine; der Schornsteinfeger
der **Schoß**, die Schöße
die **Scho|te** (Fruchthülse), die Schoten
der **Schot|ter** (zerkleinerte Steine); die Schotterstraße
**schräg**, schräger, am schrägsten; die Schräge
die **Schram|me**, die Schrammen
der **Schrank**, die Schränke
die **Schran|ke**, die Schranken
die **Schrau|be**, die Schrauben; der Schraubendreher; schrauben

**schreck|lich**; schreckhaft; der Schreck [Schrecken]; erschrecken

**schrei|ben**, er schreibt, ich schrieb, ich habe geschrieben; die Schreibmaschine

**schrei|en**, sie schreit, ich schrie, ich habe geschrien [geschrieen]; der Schrei, die Schreie

der **Schrei|ner** (Tischler), die Schreiner; die Schreinerin

**schrei|ten**, er schreitet, ich schritt, ich bin geschritten

die **Schrift**, die Schriften; der Schriftsteller; die Schriftstellerin; schriftlich

**schrill**; ein schriller Ton

der **Schritt**, die Schritte; das Schritttempo; schrittweise

**schroff** (barsch; steil)

der [das] **Schrot**; das Schrotbrot; die Schrotflinte; schroten

der **Schrott**; der Schrottplatz

**schrub|ben**, er schrubbt; der Schrubber

**schrump|fen**

die **Schub|kar|re** [der Schubkarren], die Schubkarren

die **Schub|la|de**, die Schubladen

**schub|sen** [schupsen], sie schubst

**schüch|tern**; die Schüchternheit

der **Schuft** (Schurke), die Schufte

**schuf|ten** (hart arbeiten), er schuftet

der **Schuh**, die Schuhe; ein Paar Schuhe

die **Schuld**; der Schuldige; es ist meine Schuld; ich bin schuld; schuldig; schuldbewusst; schuldlos

die **Schuld**, die Schulden; ich habe Schulden

die **Schu|le**, die Schulen; schulfrei; die Schularbeiten; das Schuljahr

der **Schü|ler**, die Schüler; die Schülerin, die Schülerinnen

die **Schul|ter**, die Schultern; das Schulterblatt; schultern

**schum|meln**, sie schummelt

der **Schund** (Wertloses)

die **Schup|pe**, die Schuppen

der **Schup|pen**, die Schuppen

**schup|sen** [schubsen], er schupst; der Schups; die Schupserei

die **Schürf|wun|de**, die Schürfwunden

der **Schur|ke**, die Schurken

die **Schür|ze**, die Schürzen

der **Schuss**, die Schüsse

die **Schüs|sel**, die Schüsseln

**schus|se|lig** [schusslig]

der **Schus|ter**, die Schuster

der **Schutt**; der Schutthaufen

der **Schüt|tel|frost**
**schüt|teln**,
er schüttelt
**schüt|ten**, sie schüttet

der **Schutz**; der Umweltschutz;
die Schutzimpfung; schutzlos
der **Schüt|ze**, die Schützen;
das Schützenfest
**schüt|zen**; sie schützt ihn
**Schwa|ben**; der Schwabe, die
Schwaben, die Schwäbin; schwäbisch
**schwach**, schwächer,
am schwächsten; schwächlich;
die Schwäche, die Schwächen
der **Schwa|ger**, die Schwäger;
die Schwägerin
die **Schwal|be**, die Schwalben
der **Schwamm**, die Schwämme;
schwammig
der **Schwan**, die Schwäne
die **Schwan|ger|schaft**,
die Schwangerschaften; schwanger
**schwan|ken**, er schwankt
der **Schwanz**, die Schwänze
**schwän|zen**, sie schwänzt;
ich schwänzte die Schule
der **Schwarm** (Gruppe; Mensch, den
man besonders mag), die Schwärme;
schwärmen, er schwärmt



die **Schwar|te**, die Schwarten;
die Speckschwarte
**schwarz**; schwarzfahren;
der Schwarzwald
**schwat|zen** [schwätzen],
er schwatzt [schwätzt];
der Schwätzer; die Schwätzerin
**schwe|ben**, sie schwebt
**Schwe|den**; der Schwede, die
Schweden, die Schwedin; schwedisch
der **Schwe|fel**; schwefelgelb
**schwei|gen**, er schweigt, ich schwieg,
ich habe geschwiegen;
das Schweigen; schweigsam
das **Schwein**, die Schweine
der **Schweiß**; der Schweißtropfen
**schwei|ßen**, er schweißt;
der Schweißer
die **Schweiz**; der Schweizer,
die Schweizer, die Schweizerin;
schweizerisch
**schwe|len**; der Schwelbrand
die **Schwel|le**, die Schwellen
**schwel|len**; der Fuß schwillt;
er schwoll, er ist geschwollen;
die Schwellung
**schwen|ken**, sie schwenkt
**schwer**; schwerfällig; schwerhörig;
es schwer haben



P Qu R S T U V W X Y Z

**Schwe|rin**
das **Schwert**, die Schwerter
die **Schwes|ter**, die Schwestern
die **Schwie|ger|el|tern**; die Schwiegermutter; der Schwiegervater
die **Schwie|le** (Verdickung der Haut), die Schwielen
**schwie|rig**; die Schwierigkeit
**schwim|men**, er schwimmt, ich schwamm, ich bin geschwommen; der Schwimmer; die Schwimmerin; rückenschwimmen

**schwin|deln** (lügen), sie schwindelt; der Schwindler; die Schwindlerin
**schwind|lig** [schwindelig]; mir schwindelt; schwindelfrei
**schwin|gen**, er schwingt, ich schwang, ich habe geschwungen
**schwir|ren**; die Vögel schwirren
**schwit|zen**, er schwitzt
**schwö|ren**, sie schwört, ich schwor, ich habe geschworen
**schwül**; die Schwüle
der **Schwung**, die Schwünge; schwungvoll; das Schwungrad

der **Schwur**, die Schwüre
**sechs**; sechzehn; sechzig; ein Sechstel; die Sechs; der Sechser
der **See** (Binnensee), die Seen
die **See** (Meer); die Nordsee; seekrank; der Seemann; die Seefahrt
die **See|le**, die Seelen; seelenruhig
das **Se|gel**, die Segel; das Segelboot; das Segelflugzeug; segeln
**seg|nen**; der Segen
**se|hen**, er sieht, ich sah, ich habe gesehen; sieh!, seht!; sehenswert; sehenswürdig
die **Seh|ne**, die Sehnen
sich **seh|nen**, er sehnt sich; die Sehnsucht; sehnsüchtig
**sehr**; sehr gut; sehr viel
**seicht** (flach)
**seid** → sein; seid ruhig!
die **Sei|de**; das Seidenpapier
die **Sei|fe**, die Seifen
das **Seil**, die Seile; die Seilbahn
**sein**; sein Buch; seine; seiner
**sein** (lieb sein), ich bin, du bist, er ist, wir sind, ihr seid, sie sind; sei still!; ich war, du warst
**seit**; seit gestern; seitdem
die **Sei|te**, die Seiten; seitlich; seitwärts; seitenlang

der **Sek|re|tär [Se|kre|tär]**, die Sekretäre; die Sekretärin; das Sekretariat

der **Sekt**; die Sektflasche

die **Sek|te** (religiöse Gemeinschaft), die Sekten

die **Se|kun|de** [Sek.], die Sekunden; der Sekundenzeiger; sekundenlang

**sel|ber** [selbst]; selber machen; selbst gemacht; selbstbewusst; das Selbstbewusstsein; selbstständig; selbstverständlich

der **Selbst|laut** (Vokal), die Selbstlaute

**se|lig**; die Seligkeit

der [die] **Sel|le|rie** (Gemüseart)

**sel|ten**; die Seltenheit; seltsam

das **Se|mi|ko|lon** (Strichpunkt), die Semikolons

die **Sem|mel**, die Semmeln

der **Se|nat** (Regierungsbehörde), die Senate; der Senator, die Senatoren; die Senatorin

**sen|den**; er sendet den Brief; ich sandte [ich sendete], ich habe gesandt [ich habe gesendet]; der Sender; die Sendung

der **Senf**; die Senfgurke

der **Se|ni|or** (älterer Mensch), die Senioren

**sen|ken**; sie senkt den Kopf

**senk|recht**; die Senkrechte

die **Sen|sa|ti|on**, die Sensationen; sensationell

die **Sen|se**, die Sensen

**sen|si|bel** (feinfühlig)

**se|pa|rat** (gesondert)

der **Sep|tem|ber**

die **Se|rie** (Reihe), die Serien

**se|ri|ös** (anständig)

die **Ser|pen|ti|ne** (scharfe Kurve am Berg), die Serpentinen

das **Ser|vice** (Geschirr)

der **Ser|vice** (Kundendienst)

**ser|vie|ren**, er serviert

die **Ser|vi|et|te**, die Servietten

der **Ses|sel**, die Sessel

das [der] **Set** (Zusammengehöriges), die Sets; das Tischset

sich **set|zen**, sie setzt sich; der Setzling; besetzt

die **Seu|che**, die Seuchen

**seuf|zen**, er seufzt; der Seufzer

das **Sham|poo**, die Shampoos

der **She|riff**, die Sheriffs

der **Shop** (Geschäft), die Shops

die **Shorts** (kurze Hose)

die **Show** (Schau), die Shows; der Showmaster

**sich**; er freut sich

**si|cher**, sicherer, am sichersten; sicherlich; sichern; die Sicherheit; die Sicherung; die Sicherheitsnadel
die **Sicht**; sichtbar
**si|ckern**; versickern
**sie**; sie geht; sie gehen
das **Sieb**, die Siebe; Mehl sieben
**sie|ben**; siebzehn; siebzig; siebtens
**sie|den**; der Siedepunkt
die **Sied|lung**; siedeln; der Aussiedler; die Aussiedlerin
das **Sie|gel**, die Siegel; versiegeln; der Siegellack
**sie|gen**, er siegt; siegreich; der Sieg; der Sieger; die Siegerin; die Siegerehrung
er **sieht** → sehen
das **Sig|nal [Si|gnal]**, die Signale
die **Sil|be**, die Silben; das Silbenrätsel
das **Sil|ber**; silbern; silbrig
der [das] **Si|lo** (Großspeicher], die Silos
der [das] **Sil|ves|ter**
**sim|pel** (einfach)
**sind** → sein; wir sind da
**sin|gen**; er singt ein Lied, ich sang, ich habe gesungen
der **Sin|gle [Sing|le]** (allein lebender Mensch), die Singles
der **Sin|gu|lar** (Einzahl)
**sin|ken**, er sinkt, ich sank, ich bin gesunken; versunken
der **Sinn**, die Sinne; sinnlos
die **Sint|flut**
die **Sip|pe** (Gruppe von Verwandten), die Sippen
die **Si|re|ne**, die Sirenen
der **Si|rup**
die **Sit|te**, die Sitten; sittsam
die **Si|tu|a|ti|on**, die Situationen
**sit|zen**, sie sitzt, ich saß, ich habe gesessen; der Sitz, die Sitze; die Sitzung; der Sitzplatz; in der Schule sitzen bleiben
die **Ska|la** (Maßeinteilung), die Skalen

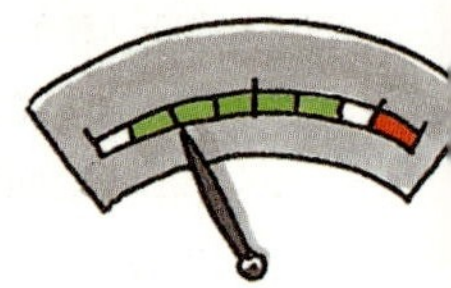

der **Skan|dal**, die Skandale
**Skan|di|na|vi|en**; der Skandinavier, die Skandinavier, die Skandinavierin; skandinavisch
der **Skat** (Kartenspiel)
das **Skate|board**, die Skateboards
das **Ske|lett**, die Skelette
der **Sketsch** [Sketch] (kurzes, witziges Theaterstück), die Sketsche
der **Ski** [Schi]; Ski laufen
die **Skiz|ze**, die Skizzen; skizzieren
der **Skla|ve**, die Sklaven
**Skop|je** (Hauptstadt von Makedonien)

der **Sla|lom**, die Slaloms

der **Slip**, die Slips

**Slo|wa|kei**; der Slowake; slowakisch

**Slo|we|ni|en**; der Slowene; slowenisch

der **Smog** (Dunstglocke); der Smogalarm

die **SMS** (kurze Nachricht beim Handy); die SMS-Nachricht

das **Snow|board**, die Snowboards; snowboarden

**so**; so viele; sodass [so dass]

**so|bald**

die **So|cke** [der Socken], die Socken; das Söckchen

der **So|ckel**, die Sockel

das **Sod|bren|nen**

**so|e|ben**; er kam soeben (vor einem Augenblick)

das **So|fa**, die Sofas

**So|fia** (Hauptstadt von Bulgarien)

**so|fort**; ich gehe sofort

das **Soft|eis**

die **Soft|ware** (Computerprogramm)

**so|gar**

**so|gleich** (sofort)

die **Soh|le**, die Sohlen

der **Sohn**, die Söhne

**so|lan|ge**; solange ich krank war, …; aber: du musst so lange warten, bis …



die **So|lar|e|ner|gie** (Sonnenenergie)

**solch**, solcher, solche, solches

der **Sol|dat**, die Soldaten

**sol|len**, du sollst, ich sollte, ich habe gesollt

das **So|lo**, die Soli [Solos]; der Solist; die Solistin; solo

der **Som|mer**, die Sommer; die Sommerferien; sommerlich

das **Son|der|an|ge|bot**, die Sonderangebote

**son|der|bar**

**son|dern**; nicht ich, sondern du

der **Song** (Lied), die Songs

der **Sonn|a|bend**; sonnabends; am Sonnabendmittag

die **Son|ne**, die Sonnen; sonnig; sich sonnen; die Sonnenblume

der **Sonn|tag**; am Sonntag; sonntags; sonntäglich; Sonntagabend

**sonst**; sonstwie; sonstwo

**so|oft**

**sor|gen**, er sorgt; die Sorge, die Sorgen; sorgfältig; sorglos

die **Sor|te**, die Sorten; sortieren

**SOS** (Hilferuf); der SOS-Ruf

die **So|ße** [Sauce], die Soßen

das **Sou|ve|nir** (Andenken), die Souvenirs

**so|viel**; soviel ich weiß, …;
aber: er hat so viel Zeit, dass …
**so|wie** (und)
**so|wohl** … als auch …
**so|zi|al**; die Sozialhilfe
der **Spach|tel**, die Spachtel [Spachteln]; spachteln
die **Spa|get|ti** [Spaghetti]
**spä|hen**, er späht; der Späher
der **Spalt** [die Spalte], die Spalten; spalten
der **Span**, die Späne
die **Span|ge**, die Spangen; die Haarspange
**Spa|ni|en**; der Spanier, die Spanier, die Spanierin; spanisch
**span|nen**; du spannst die Leine
die **Span|nung**; spannend
**spa|ren**, sie spart; die Sparkasse; die Spardose; das Sparbuch; sparsam; spärlich (dürftig); die Sparsamkeit
der **Spar|gel** (Gemüseart), die Spargel
der **Spaß**, die Späße; der Spaßvogel; spaßen, er spaßt; spaßig
**spät**, später, am spätesten; spätestens; verspätet
der **Spa|ten**, die Spaten
der **Spatz**, die Spatzen
**spa|zie|ren**; spazieren gehen, er geht spazieren; der Spaziergang

der **Specht**, die Spechte
der **Speck**; speckig
der **Speer**, die Speere
die **Spei|che** (Teil des Rades), die Speichen
der **Spei|chel** (Spucke)
der **Spei|cher**, die Speicher; speichern
die **Spei|se**, die Speisen; die Speisekarte [Speisenkarte]; speisen, sie speist
**spen|den**; die Spende; der Spender; die Spenderin; spendieren; spendabel (großzügig)
der **Sper|ling** (Spatz), die Sperlinge
**sper|ren**; du sperrst den Weg; die Sperre, die Sperren
der **Spe|zi|a|list** (Fachmann), die Spezialisten; die Spezialistin; speziell
**spi|cken**; der Spickzettel
der **Spie|gel**, die Spiegel; das Spiegelbild; spiegeln; spiegelglatt; spiegelbildlich
**spie|len**, sie spielt; gespielt; das Spiel, die Spiele; der Spieler; der Spielplatz; das Spielzeug
der **Spieß**, die Spieße
der **Spi|nat**

die **Spin|del** (Teil eines Spinnrads), die Spindeln

die **Spin|ne**, die Spinnen

**spin|nen**, er spinnt, ich spann, ich habe gesponnen

der **Spi|on**, die Spione; spionieren

die **Spi|ra|le**, die Spiralen

**spitz**, spitzer, am spitzesten; spitzen; du spitzt den Stift

die **Spit|ze**, die Spitzen; der Spitzname

der **Spit|zel** (Spion), die Spitzel

der **Splitt** (kleine Steinchen)

der **Split|ter**, die Splitter; splittern; splitternackt

der **Spon|sor** (Geldgeber), die Sponsoren

der **Sport**; sportlich; der Sportler; die Sportlerin; der Sportplatz

**spot|ten**, sie spottet, ich spottete, ich habe gespottet; der Spott; spöttisch; spottbillig

die **Spra|che**, die Sprachen; sprachlich; sprachlos

der [das] **Spray**, die Sprays; die Spraydose; der Haarspray

**spre|chen**, er spricht, ich sprach, ich habe gesprochen; sprich!; der Sprecher; die Sprecherin; die Sprechstunde

**sprei|zen**, sie spreizt die Finger

**spren|gen**, er sprengt; die Sprengung; der Sprengstoff

das **Sprich|wort**, die Sprichwörter

**sprie|ßen**; das Gras sprießt, es spross, es ist gesprossen

**sprin|gen**, sie springt, ich sprang, ich bin gesprungen

**sprin|ten** (schnell laufen); der Sprinter; die Sprinterin; der Sprint

der **Sprit** (Treibstoff)

**sprit|zen**, er spritzt; die Spritze; der Spritzer

**spröd** [spröde]; spröde Lippen

die **Spros|se**, die Sprossen; die Sprossenwand

der **Spruch**, die Sprüche

der **Spru|del**, die Sprudel; sprudeln; die Quelle sprudelt

**sprü|hen**, sie sprüht; die Sprühdose; der Sprühregen

der **Sprung**, die Sprünge; sprunghaft; springen

**spu|cken**, er spuckt; die Spucke

**spu|ken**, es spukt; der Spuk

die **Spu|le**, die Spulen

**spü|len**, sie spült; die Spülmaschine; die Spülung

die **Spur**, die Spuren; spurlos

**spü|ren**, er spürt

der **Spurt** (schneller Lauf); der Endspurt; spurten

sich **spu|ten** (beeilen), er sputet sich

**St.** [Sankt]; St. Martin

der **Staat**, die Staaten; staatlich; der Staatsbürger; die Staatsbürgerin

der **Stab**, die Stäbe

**sta|bil** (haltbar)

der **Sta|chel**, die Stacheln; stachelig [stachlig]

das **Sta|di|on**, die Stadien

die **Stadt**, die Städte; städtisch; der Stadtplan

die **Staf|fel**, die Staffeln; der Staffellauf

der **Stahl**, die Stähle; stahlhart

der **Stall**, die Ställe; der Viehstall

der **Stamm**, die Stämme; das Stammbuch; stämmig

**stam|meln**, er stammelt

**stamp|fen**, sie stampft

der **Stand**, die Stände; der Ständer; der Standpunkt; standhaft; im Stande [imstande] sein

**stän|dig** (dauernd)

die **Stan|ge**, die Stangen

der **Stän|gel**, die Stängel

**stän|kern**, du stänkerst

der **Sta|pel**, die Stapel; stapeln

**stap|fen**, du stapfst

der **Star** (Vogel), die Stare

der **Star** (Künstler), die Stars

**stark**, stärker, am stärksten; gestärkt; die Stärke; die Stärkung; (sich) stärken

**starr** (unbeweglich); starren, er starrt

der **Start**, die Starts; starten; der Fehlstart; die Startbahn

die **Sta|ti|on**, die Stationen

das **Sta|tiv** (dreibeiniges Gestell), die Stative

**statt** (anstatt); stattdessen

**statt|fin|den** → finden

**statt|lich**

die **Sta|tue** (Standbild), die Statuen

der **Stau**, die Staus; sich stauen; der Staudamm; der Stausee

der **Staub**; stauben; staubig; Staub saugen [staubsaugen], er saugt Staub; der Staubsauger

die **Stau|de** (winterfeste Pflanze), die Stauden

**stau|nen**, sie staunt

das **Steak** (gebratene Fleischscheibe), die Steaks

P Qu R S T U V W X Y Z

**ste|chen**, er sticht, ich stach,
ich habe gestochen; stich nicht!
**ste|cken**, du steckst;
die Steckdose; der Stecker
der **Steg**, die Stege
**ste|hen**, er steht, ich stand,
ich habe [bin] gestanden;
stehen bleiben; der Stehplatz
**steh|len**, sie stiehlt, ich stahl,
ich habe gestohlen; stiehl nicht!
**steif**
**stei|gen**, er steigt, ich stieg,
ich bin gestiegen; der Steig
(steiler Weg); die Steigung
**stei|gern**; die Steigerung
**steil**; der Steilhang
der **Stein**, die Steine; steinig;
steinalt; steinhart
**stel|len**, sie stellt; die Stelle
die **Stel|ze**, die Stelzen; stelzen
**stem|men**, er stemmt
der **Stem|pel**, die Stempel; stempeln
die **Stepp|de|cke**, die Steppdecken
die **Step|pe** (baumlose Grasebene),
die Steppen
**ster|ben**, sie stirbt, sie starb,
sie ist gestorben; sterbenskrank
die **Ste|re|o|an|la|ge**,
die Stereoanlagen

**ste|ril** (keimfrei); ein steriler Verband
der **Stern**, die Sterne; sternenklar
**ste|tig** (beständig)
**stets** (immer)
das **Steu|er** (zum Lenken), die Steuer;
steuern; er steuert das Auto
die **Steu|er** (Abgabe), die Steuern
der **Ste|ward**, die Stewards;
die Stewardess

der **Stich**, die Stiche;
das Stichwort;
im Stich lassen;
sticheln
**sti|cken**, sie stickt;
die Stickerei; das Stickgarn
**sti|ckig**; stickige Luft
der **Stie|fel**, die Stiefel;
ein Paar Gummistiefel; stiefeln
die **Stief|el|tern**; die Stiefmutter;
der Stiefvater; der Stiefsohn;
das Stiefmütterchen (Blume)
die **Stie|ge** (schmale Treppe),
die Stiegen
der **Stiel**, die Stiele
der **Stier**, die Stiere
der **Stift**, die Stifte; der Buntstift
**stif|ten** (schenken); die Stiftung
**still**; die Stille; stillschweigend
**stil|len**; sie stillt den Säugling

die **Stim|me**, die Stimmen
**stim|men**; es stimmt genau
die **Stim|mung**; stimmungsvoll
**stin|ken**, es stinkt, es stank, es hat gestunken; stinkfaul
**stip|pen** (eintauchen); er stippt das Brot
die **Stirn**, die Stirnen
**stö|bern**, sie stöbert
**sto|chern**, er stochert
der **Stock** (Stab), die Stöcke
der **Stock** (Etage); erster Stock; das Stockwerk; zweistöckig
**stock|dun|kel**; stockfinster
**sto|cken**; der Verkehr stockt
**Stock|holm** (Hauptstadt von Schweden)
der **Stoff**, die Stoffe; der Stofffetzen
**stöh|nen**, sie stöhnt
der **Stol|len** (Gebäck; unterirdischer Gang), die Stollen
**stol|pern**; ich bin gestolpert
**stolz**, stolzer, am stolzesten; der Stolz; stolzieren
**stop|fen**; der Stopfen; die Stopfnadel
die **Stop|pel**, die Stoppeln
**stop|pen**, sie stoppt; der Stopp; das Stoppschild; die Stoppuhr
der **Stöp|sel**, die Stöpsel



der **Storch**, die Störche
**stö|ren**; er stört mich; die Störung; die Bildstörung
**stör|risch**; der störrische Esel
die **Sto|ry** (Geschichte), die Storys
**sto|ßen**, sie stößt, ich stieß, ich habe gestoßen; der Stoß; die Stoßstange; abstoßend
**stot|tern**, er stottert
die **Stra|fe**, die Strafen; der Sträfling; strafen; strafbar; sträflich
**straff**
**strah|len**, sie strahlt; der Strahl; die Strahlen; die Strahlung; strahlend
die **Sträh|ne**, die Strähnen; strähnig
**stramm**
**stram|peln**, er strampelt; das Strampelhöschen
der **Strand**, die Strände; stranden; das Schiff strandet
der **Strang**, die Stränge
die **Stra|pa|ze** (große Anstrengung), die Strapazen; strapazieren
die **Stra|ße**, die Straßen; die Straßenbahn; die Straßenecke
sich **sträu|ben**, sie sträubt sich
der **Strauch**, die Sträucher; der Brombeerstrauch

der **Strauß**, die Sträuße; der Blumenstrauß

der **Strauß** (Vogel), die Strauße

**stre|ben**, er strebt; der Streber; die Streberin; strebsam

die **Stre|cke**, die Strecken

**stre|cken**, sie streckt

der **Streich**, die Streiche

**strei|cheln**, er streichelt

**strei|chen**, sie streicht die Tür; ich strich, ich habe gestrichen

das **Streich|holz**, die Streichhölzer

**strei|fen**; gestreift; der Streifen, die Streifen; die Polizeistreife

**strei|ken**, er streikt; der Streik

**strei|ten**, sie streitet, ich stritt, ich habe gestritten; der Streit; die Streiterei

**streng**, strenger, am strengsten; die Strenge

der **Stress** (Überbeanspruchung)

**streu|en**, er streut; die Streu (Stroh); die Streuung

**streu|nen**; der Hund streunt

der **Streu|sel|ku|chen**, die Streuselkuchen

der **Strich**, die Striche

der **Strick**, die Stricke

**stri|cken**; die Stricknadel

der **Strie|men** (blutiger Streifen auf der Haut), die Striemen

das **Stroh**; der Strohhalm

der **Strolch**, die Strolche; strolchen

der **Strom** (Fluss), die Ströme; strömen; die Strömung; stromabwärts

der **Strom**; die Stromleitung

die **Stro|phe** (beim Lied), die Strophen

**strot|zen**; er strotzt vor Kraft

**strub|be|lig**; eine strubbelige Frisur

der **Stru|del**, die Strudel; strudeln

der **Strumpf**, die Strümpfe

**strup|pig**; ein struppiges Fell

der **Struw|wel|pe|ter**

die **Stu|be**, die Stuben

das **Stück**, die Stücke

**stu|die|ren**; das Studium; der Student; die Studentin

das **Stu|dio**, die Studios

die **Stu|fe**, die Stufen

der **Stuhl**, die Stühle

die **Stul|le** (Brotscheibe), die Stullen

**stül|pen** (umdrehen)

**stumm**; verstummen

**stumpf**; der Stumpfsinn

der **Stumpf**, die Stümpfe; der Baumstumpf

die **Stun|de**, die Stunden; der Stundenplan; die Viertelstunde; stundenlang; stündlich

**stup|sen** (stoßen), sie stupst mich; die Stupsnase

**stur**; die Sturheit

der **Sturm**, die Stürme; der Stürmer; die Stürmerin; stürmisch; stürmen

**stür|zen**, er stürzt; der Sturz, die Stürze; der Sturzhelm

die **Stu|te** (weibliches Pferd), die Stuten

**Stutt|gart**

**stut|zen**, sie stutzt; stutzig

**stüt|zen**, sie stützt ihn

das **Sub|jekt** (grammatisch: Satzgegenstand), die Subjekte

das **Sub|stan|tiv** (Namenwort, Nomen), die Substantive

**sub|tra|hie|ren** (abziehen); die Subtraktion

**su|chen**, er sucht; die Suche

die **Sucht**, die Süchte; süchtig

**Süd|a|me|ri|ka**; der Südamerikaner; südamerikanisch

der **Sü|den**; südlich; die Südfrucht; Süddeutschland

**süh|nen**; die Sühne

die **Sül|ze**

die **Sum|me**, die Summen



**sum|men**; sie summt ein Lied

der **Sumpf**, die Sümpfe; sumpfig

die **Sün|de**, die Sünden; sündigen

**su|per**; der Supermarkt

die **Sup|pe**, die Suppen

**sur|fen**, er surft; das Surfbrett

**sur|ren**; die Maschine surrt

**süß**, süßer, am süßesten; süßen; süßlich; die Süßigkeit

das **Sweat|shirt**, die Sweatshirts

der **Swim|ming|pool**, die Swimmingpools

das **Sym|bol** (Zeichen), die Symbole

**sym|met|risch [sym|me|trisch]** (spiegelgleich)

die **Sym|pa|thie** (Zuneigung), die Sympathien; sympathisch

die **Sy|na|go|ge [Syn|a|go|ge]** (jüdisches Gotteshaus), die Synagogen

das **Sys|tem**, die Systeme; systematisch

die **Sze|ne**, die Szenen

der **Ta|bak**; die Tabakspfeife
die **Ta|bel|le**, die Tabellen
das **Ta|blett [Tab|lett]**, die Tabletts
die **Ta|blet|te [Tab|let|te]**, die Tabletten
der **Ta|cho** (Geschwindigkeitsmesser), die Tachos
**ta|deln**, er tadelt; der Tadel, die Tadel; tadellos
die **Ta|fel**, die Tafeln
der **Tag**, die Tage; eines Tages; tagelang; täglich; tagsüber
die **Ta|ges|schau** (Nachrichtensendung)
die **Ta|gung**, die Tagungen; tagen
die **Tail|le** (Körperteil zwischen Hüfte und Brust), die Taillen; tailliert
der **Takt**, die Takte; taktlos; taktvoll
das **Tal**, die Täler; die Talsperre
der **Ta|lar** (Amtskleid), die Talare
das **Ta|lent**, die Talente; talentiert
der **Ta|ler** (Silbergeld), die Taler
der **Talg** (Rinderfett), die Talge

Ta

der **Ta|lis|man** (Glücksbringer), die Talismane
der **Talk|mas|ter** (Fernsehmoderator), die Talkmaster
die **Talk|show**, die Talkshows
**Tal|linn** (Hauptstadt von Estland)
das **Tan|dem** (Fahrrad für zwei Personen), die Tandems
**tan|ken**, sie tankt; der Tank, die Tanks; die Tankstelle; der Tankwart
die **Tan|ne**, die Tannen; der Tannenzapfen
die **Tan|te**, die Tanten
**tan|zen**, er tanzt; tänzeln; das Pferd tänzelt; der Tanz, die Tänze; der Tänzer; die Tänzerin
die **Ta|pe|te**, die Tapeten; tapezieren
**tap|fer**, tapferer, am tapfersten; die Tapferkeit
**tap|pen**; sie tappt im Dunkeln
**tap|sig**; tapsen
**tar|nen**; er tarnt das Versteck; die Tarnung; die Tarnkappe
die **Ta|sche**, die Taschen; das Taschengeld; das Taschentuch

die **Tas|se**, die Tassen
die **Tas|te**, die Tasten; die Tastatur
**tas|ten**, er tastet
die **Tat**, die Taten; in der Tat; der Täter; die Täterin; der Tatort; der Tatbestand
das **Tä|tig|keits|wort** (Verb, Tunwort), die Tätigkeitswörter
die **Tat|sa|che**, die Tatsachen; tatsächlich
die **Tat|ze**, die Tatzen
das **Tau** (dickes Seil), die Taue; das Tauziehen
der **Tau**; der Tautropfen
**taub**; die Taubheit; taubstumm; der Taubstumme
die **Tau|be**, die Tauben
**tau|chen**, sie taucht; der Taucher; die Taucherin; der Tauchsieder
**tau|en**, es taut; das Tauwetter
die **Tau|fe**, die Taufen; der Taufname (Vorname); der Taufpate; die Taufpatin; taufen; er wurde getauft
**tau|gen**; es taugt nichts; der Taugenichts; tauglich
**tau|meln** (schwanken), er taumelt; der Taumel
**tau|schen**, sie tauscht; der Tausch
**täu|schen**; er täuscht ihn; die Täuschung
**tau|send**; tausende Autos; der tausendste Zuschauer; tausendfach; der Tausender; der Tausendfüßler
das **Ta|xi** [die Taxe], die Taxis [Taxen]; der Taxifahrer; die Taxifahrerin
das **Team** (Arbeitsgruppe), die Teams; die Teamarbeit
die **Tech|nik**, die Techniken; der Techniker; die Technikerin; technisch; die Technologie
der **Ted|dy** (Teddybär), die Teddys
der **Tee**, die Tees; die Teekanne; der Teelöffel
der **Teen|a|ger [Tee|na|ger]** (Jugendlicher), die Teenager
der **Teer**; die Teerpappe; teeren
der **Teich** (Gewässer), die Teiche
der **Teig** (Kuchenteig), die Teige
**tei|len**, sie teilt; der [das] Teil, die Teile; teilbar; die Teilung; teils … teils …; teilweise
**teil|neh|men** → nehmen; die Teilnahme; der Teilnehmer; die Teilnehmerin
das **Te|le|fax** → Fax

das **Te|le|fon**, die Telefone;
die Telefonzelle; die Telefonkarte;
telefonieren; telefonisch

das **Te|le|gramm** (schnelle Postsendung),
die Telegramme

das **Te|les|kop [Te|le|skop]**
(Fernrohr),
die Teleskope

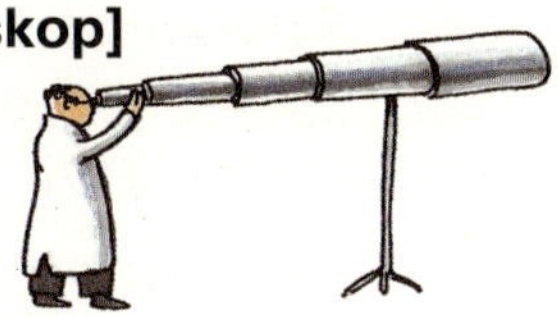

der **Tel|ler**, die Teller

der **Tem|pel**, die Tempel

das **Tem|pe|ra|ment**, die Temperamente;
temperamentvoll

die **Tem|pe|ra|tur**, die Temperaturen

das **Tem|po**, die Tempos [Tempi]

das **Ten|nis**; Tennis spielen;
das Tennisspiel; der Tennisschläger

der **Tep|pich**, die Teppiche;
der Teppichboden

der **Ter|min**, die Termine

das **Ter|ra|ri|um** (Glasbehälter
für Tiere), die Terrarien

die **Ter|ras|se**, die Terrassen

der **Ter|ri|er** (Hunderasse), die Terrier;
der Foxterrier

die **Ter|ri|ne** (Suppenschüssel),
die Terrinen

der **Ter|ror**; der Terrorismus;
der Terrorist (Gewalttäter),
die Terroristen; die Terroristin

das **Tes|ta|ment**, die Testamente

**tes|ten**, er testet; der Test,
die Tests [Teste]

**teu|er**, teurer, am teuersten

der **Teu|fel**, die Teufel; teuflisch

der **Text**, die Texte

die **Tex|ti|li|en** (Stoffwaren)

das **The|a|ter**, die Theater;
das Theaterstück

die **The|ke**, die Theken

das **The|ma**, die Themen [Themata];
thematisch

die **The|o|rie**, die Theorien; theoretisch

das **Ther|mal|bad** (Warmbad),
die Thermalbäder

das **Ther|mo|me|ter**, die Thermometer

die **Ther|mos|fla|sche**,
die Thermosflaschen

der **Thron**, die Throne

der **Thun|fisch** [Tunfisch], die Thunfische

**Thü|rin|gen**; der Thüringer,
die Thüringer, die Thüringerin;
thüringisch

**ti|cken**, es tickt; einen Tick haben

das **Ti|cket** (Fahrkarte), die Tickets

**tief**, tiefer, am tiefsten; tiefgefroren;
tiefgekühlt; die Tiefe; die Tiefkühltruhe

das **Tier**, die Tiere; der Tierschutz;
der Tierarzt; die Tierärztin

der **Ti|ger**, die Tiger
die **Tin|te**, die Tinten; der Tintenfleck; der Tintenklecks; der Tintenkiller
der **Tipp**, die Tipps; gute Tipps geben
**tip|pen**, er tippt; der Tippfehler; der Tippschein
**Ti|ra|na** (Hauptstadt von Albanien)
der **Tisch**, die Tische; das Tischset; das Tischtuch; das Tischtennis
der **Tisch|ler** (Schreiner), die Tischler; die Tischlerin; die Tischlerei
der **Ti|tel**, die Titel; das Titelbild; das Titelblatt
der **Toast**, die Toaste [Toasts]; der Toaster; das Toastbrot; toasten; sie toastet Brot
**to|ben**, er tobt; tobsüchtig
die **Toch|ter**, die Töchter
der **Tod**; tödlich; der Todesfall; todkrank; todmüde
die **To|i|let|te**, die Toiletten; das Toilettenpapier
die **To|le|ranz** (Nachsichtigkeit); tolerant; tolerieren
**toll**; tollen, sie tollt herum; die Tollwut (Krankheit); tollwütig
der **Toll|patsch**; tollpatschig
der **Töl|pel**, die Tölpel; tölpelhaft
die **To|ma|te**, die Tomaten
die **Tom|bo|la** (Verlosung)
der **Ton**, die Töne; die Tonleiter; tönen; die Glocke tönt
der **Ton** (Bodenart); das Tongeschirr
der **Ton** (Farbton); die Tönung
die **Ton|ne**, die Tonnen
der **Topf**, die Töpfe; der Töpfer; die Töpferin
das **Tor**, die Tore; der Torwart
der **Tor** (Narr), die Toren; die Torheit; töricht
der **Torf** (Bodenart); der Torfmull
**tor|keln**, er torkelt
der **Tor|na|do** (Wirbelsturm), die Tornados
der **Tor|nis|ter** (Ranzen), die Tornister
die **Tor|te**, die Torten
**to|sen**; der Sturm tost
**tot**; er ist tot; töten; der Tote, die Toten; die Tote; totenblass; totenstill; totschießen; sich totlachen
**to|tal** (völlig); der Totalschaden
das [der] **To|to**; der Totoschein
die **Tour** (Fahrt, Wanderung), die Touren; die Radtour

der **Tou|rist**, die Touristen; die Touristin; der Tourismus

**tra|ben**; der Trab

die **Tracht**, die Trachten; die Tracht Prügel

die **Tra|di|ti|on** (Brauch), die Traditionen; traditionell

der **Tra|fo** [Transformator], die Trafos

**trä|ge**; die Trägheit

**tra|gen**, er trägt, ich trug, ich habe getragen; tragbar; der Träger; die Tragbahre

**tra|gisch**; ein tragischer Unfall

**trai|nie|ren**, sie trainiert; der Trainer; die Trainerin; das Training; der Trainingsanzug

der **Trak|tor**, die Traktoren

**tram|peln**, er trampelt; das Trampeltier

**tram|pen**

das **Tram|po|lin** (Turngerät zum Springen), die Trampoline

die **Trä|ne**, die Tränen; tränen

**trän|ken**; sie tränkt das Vieh; die Tränke; das Getränk

der **Trans|for|ma|tor** [Trafo], die Transformatoren

das **Trans|pa|rent**, die Transparente; transparent (durchsichtig)

der **Trans|port**, die Transporte; transportieren

das **Tra|pez** (Holzstange an zwei Schaukelseilen), die Trapeze

**trat|schen**, er tratscht; der Tratsch; die Tratscherei

die **Trau|be**, die Trauben; der Traubensaft

sich **trau|en**; er traut sich nicht

**trau|en**; die Trauung (Hochzeit)

**trau|ern**, er trauert; traurig; die Trauer; die Traurigkeit;

**träu|feln**; sie träufelt Zitronensaft über den Fisch

der **Traum**, die Träume; träumen; traumhaft; die Träumerei

der **Tre|cker** (Traktor), die Trecker

**tref|fen**, er trifft, ich traf, ich habe getroffen; triff genau!; treffend; der Treffer; der Treffpunkt

**trei|ben**, sie treibt, ich trieb, ich habe getrieben; das Treibhaus; der Treibstoff

der **Trend** (Richtung, in die sich etwas entwickelt), die Trends

**tren|nen**, er trennt; trennbar; getrennt; die Trennung

die **Trep|pe**, die Treppen; treppauf, treppab

der **Tre|sen** (Ladentisch), die Tresen

der **Tre|sor** (Panzerschrank), die Tresore

**tre|ten**, sie tritt, ich trat, ich habe getreten; tritt!; der Tritt, die Tritte

**treu**, treuer, am treusten [treuesten]; die Treue; treulos; treuherzig

der [das] **Tri|an|gel** (Musikinstrument), die Triangel

der **Tri|ath|lon** (Dreikampf im Sport)

die **Tri|bü|ne** (Sitzreihen für Zuschauer), die Tribünen

der **Trich|ter**, die Trichter

der **Trick**, die Tricks; der Trickfilm; tricksen

der **Trieb**, die Triebe; treiben

das **Tri|kot**, die Trikots

**tril|lern**; die Trillerpfeife

**trim|men**; der Trimmpfad

**trin|ken**, er trinkt, ich trank, ich habe getrunken; das Getränk; das Trinkgeld

das **Trio** (drei Leute), die Trios

der **Trip** (Kurzreise), die Trips

der **Tritt**, die Tritte; das Trittbrett

der **Tri|umph** (Freude über einen besonderen Erfolg), die Triumphe

**tro|cken**, trockener [trockner], am trockensten; die Trockenheit; trocknen

**trö|deln** (bummeln), sie trödelt

der **Tröd|ler**; der Trödelladen

die **Trom|mel**, die Trommeln; trommeln, sie trommelt

die **Trom|pe|te**, die Trompeten

die **Tro|pen** (heiße Zone am Äquator); tropisch

**trop|fen**, es tropft; der Tropfen; tröpfeln, es tröpfelt

der **Trost**; der Trostpreis; trostlos; trösten

der **Trot|tel** (Dummkopf), die Trottel

**trotz**; trotz der Warnung

der **Trotz**; trotzig

**trotz|dem**; er tat es trotzdem

**trüb** [trübe]; trübselig

der **Tru|bel**

die **Tru|he**, die Truhen

P Qu R S T U V W X Y Z

die **Trüm|mer** (Mehrzahl);
der Trümmerhaufen
der **Trumpf** (Vorteil), die Trümpfe
die **Trup|pe**, die Truppen
die **Tsche|chi|sche Re|pu|blik [Tsche|chi|sche Re|pub|lik];**
der Tscheche, die Tschechen,
die Tschechin; tschechisch
**tschüs!** [tschüss!]
das **T-Shirt**, die T-Shirts
die **Tu|be**, die Tuben
das **Tuch**, die Tücher
**tüch|tig**; die Tüchtigkeit
die **Tü|cke**, die Tücken; tückisch
die **Tul|pe**, die Tulpen
sich **tum|meln**, sie tummelt sich
der **Tüm|pel**, die Tümpel
der **Tu|mult** (lärmendes Durcheinander), die Tumulte
**tun**, er tut, ich tat, ich habe getan
der **Tun|fisch** [Thunfisch], die Tunfische
**tun|ken** (eintauchen), sie tunkt;
die Tunke (Soße)
der **Tun|nel**, die Tunnel [Tunnels]
das **Tun|wort** (Tuwort, Verb, Zeitwort)
der **Tup|fen**, die Tupfen; der Tupfer;
tupfen
die **Tür**, die Türen; die Haustür

die **Tur|bi|ne**, die Turbinen
die **Tür|kei**; der Türke,
die Türken,
die Türkin; türkisch
der **Turm**, die Türme;
turmhoch
**tur|nen**, sie turnt;
der Turner; die Turnerin
das **Tur|nier** (Wettkampf), die Turniere
die **Tu|sche**; tuschen, er tuscht
**tu|scheln**; sie tuschelt mit ihr
die **Tü|te**, die Tüten
das **TV** [Television] (Fernsehen)
der **Typ**, die Typen; typisch

Ub

die **U-Bahn** (Untergrundbahn), die U-Bahnen

**ü|bel**; mir ist übel; ein übler Scherz; etwas übel nehmen; das Übel; die Übelkeit

**ü|ben**, er übt; die Übung

**ü|ber**

**ü|ber|all**

der **Ü|ber|blick**; überblicken

**ü|ber|drüs|sig**; der Überdruss

**ü|ber|ein|an|der [ü|ber|ei|nan|der]**

**ü|ber|fah|ren** → fahren

**ü|ber|fal|len** → fallen; der Überfall, die Überfälle

der **Ü|ber|fluss**; überflüssig

**ü|ber|for|dern**; die Überforderung

der **Ü|ber|gang**, die Übergänge

**ü|ber|ge|ben** → geben

**ü|ber|haupt**

**ü|ber|heb|lich**

**ü|ber|ho|len** → holen

**ü|ber|hö|ren** → hören

**ü|ber|le|gen**; die Überlegung

**ü|ber|lis|ten**, sie überlistet

**ü|ber|mor|gen**; übermorgen früh

**ü|ber|mü|det**; die Übermüdung

der **Ü|ber|mut**; übermütig

**ü|ber|nach|ten**; die Übernachtung

**ü|ber|neh|men** → nehmen

**ü|ber|que|ren**, er überquert

**ü|ber|ra|schen**; die Überraschung

**ü|ber|re|den** → reden

**ü|ber|rei|chen** → reichen

die **Ü|ber|schrift**, die Überschriften

**ü|ber|schwäng|lich**; der Überschwang

die **Ü|ber|schwem|mung**, die Überschwemmungen

**ü|ber|set|zen**; die Übersetzung

die **Ü|ber|sicht**; übersichtlich

die **Ü|ber|stun|de**, die Überstunden

**ü|ber|tref|fen** → treffen

**ü|ber|trei|ben** → treiben; die Übertreibung; übertrieben

**ü|ber|wäl|ti|gen**; überwältigend

**ü|ber|wei|sen**; die Überweisung

**ü|ber|win|den** → winden

**ü|ber|zeu|gen**; die Überzeugung

**üb|lich**; das ist so üblich

das **U-Boot** (Unterseeboot), die U-Boote

**üb|rig**; übrig bleiben; übrig lassen

**üb|ri|gens**
die **Ü|bung**, die Übungen
das **U|fer**, die Ufer; uferlos
das **U|fo**, die Ufos
die **Uhr**, die Uhren;
zwölf Uhr;
die Uhrzeit;
der Uhrzeiger

der **U|hu**, die Uhus
die **U|kra|i|ne [Uk|ra|i|ne]**; der Ukrainer, die Ukrainer, die Ukrainerin; ukrainisch
der **UKW-Sen|der** (Ultrakurzwellensender)
der **Ulk**; ulkig
**um**; um ein Uhr
**um|ar|men**; die Umarmung
**um|bau|en** → bauen; der Umbau
**um|dre|hen** → drehen; die Umdrehung
**um|ein|an|der [um|ei|nan|der]**
**um|fah|ren** → fahren
**um|fal|len** → fallen
der **Um|fang**; umfangreich
die **Um|fra|ge**, die Umfragen
die **Um|ge|bung**
die **Um|ge|hungs|stra|ße**
der **Um|hang**, die Umhänge; umhängen
**um|her**; umhergehen

**um|keh|ren**; umgekehrt
**um|kip|pen**, es kippt um
der **Um|laut**, die Umlaute (ä, ö, ü)
die **Um|lei|tung**, die Umleitungen; umleiten
der **Um|riss**, die Umrisse
der **Um|schlag**, die Umschläge
**um|so** besser; umso mehr
**um|sonst**
**um|ständ|lich**; unter Umständen
**um|tau|schen** → tauschen; der Umtausch
der **Um|weg**, die Umwege
die **Um|welt**; der Umweltschutz; die Umweltverschmutzung; umweltfreundlich
**um|zie|hen** → ziehen; der Umzug, die Umzüge
**un|ab|hän|gig**
**un|an|ge|nehm**
**un|ar|tig** (ungezogen)
**un|auf|hör|lich**
**un|auf|merk|sam**; die Unaufmerksamkeit
**un|aus|steh|lich**
**un|barm|her|zig**
**un|be|dingt**
das **Un|be|ha|gen**; unbehaglich
**un|be|hol|fen**

O P Qu R S T U V W X Y Z

**un|be|kannt**
**un|be|quem**
**un|be|schränkt**
**und**; Mann und Frau
**un|dank|bar**; die Undankbarkeit
**un|end|lich**; die Unendlichkeit
**un|ent|schie|den**
**un|er|hört**
**un|er|mess|lich**
**un|er|träg|lich**
**un|fä|hig**
**un|fair**
der **Un|fall**, die Unfälle
**un|freund|lich**
der **Un|fug**; Unfug treiben
**Un|garn**; der Ungar, die Ungarn, die Ungarin; ungarisch
**un|ge|dul|dig**; die Ungeduld
**un|ge|fähr**
**un|ge|heu|er**; das Ungeheuer
**un|ge|hor|sam**; der Ungehorsam
**un|ge|nau**; die Ungenauigkeit
**un|ge|nü|gend**
**un|ge|recht**; die Ungerechtigkeit
**un|ge|schickt**
**un|ge|wiss**; die Ungewissheit
**un|ge|wöhn|lich**
das **Un|ge|zie|fer**
**un|ge|zo|gen**

Un

**un|glaub|lich**
das **Un|glück**; unglücklich
**un|gül|tig**
**un|heim|lich**
**un|höf|lich**
die **U|ni|form**, die Uniformen
**un|in|te|res|sant**
**[un|in|ter|es|sant]**
die **U|ni|ver|si|tät**, die Universitäten
die **Un|kos|ten**
das **Un|kraut**
**un|mög|lich**
**un|nö|tig**
das **Un|recht**
**un|ru|hig**; die Unruhe
**uns**; unser; unsere
**un|schul|dig**; die Unschuld; der Unschuldige
der **Un|sinn**; unsinnig
**un|ten**; oben und unten
**un|ter**; untereinander
**un|ter|bre|chen** → brechen; die Unterbrechung
**un|ter|brin|gen** → bringen; die Unterbringung
**un|ter|ein|an|der**
**[un|ter|ei|nan|der]**
die **Un|ter|füh|rung**, die Unterführungen

P Qu R S T U V W X Y Z

der **Un|ter|gang**; untergehen; der Sonnenuntergang
der **Un|ter|grund**
**un|ter|halb**
**un|ter|hal|ten** → halten; die Unterhaltung; Unterhalt zahlen
das **Un|ter|hemd**, die Unterhemden
**un|ter|ir|disch**
die **Un|ter|kunft**, die Unterkünfte
**un|ter|neh|men**; das Unternehmen; unternehmungslustig
der **Un|ter|richt**; unterrichten
**un|ter|schei|den**; der Unterschied
**un|ter|schrei|ben** → schreiben
die **Un|ter|schrift**, die Unterschriften
**un|ter|strei|chen** → streichen
**un|ter|stüt|zen**; die Unterstützung
die **Un|ter|su|chung**; untersuchen
die **Un|ter|tas|se**, die Untertassen
die **Un|ter|wä|sche**
**un|ter|wegs**
**un|ver|gess|lich**
**un|ver|hofft**
**un|ver|nünf|tig**; die Unvernunft
**un|ver|schämt**; die Unverschämtheit
**un|ver|ständ|lich**
**un|ver|züg|lich** (sofort)
**un|vor|sich|tig**
das **Un|wet|ter**, die Unwetter
**un|zäh|lig**
**un|zer|trenn|lich**
**un|zu|frie|den**; die Unzufriedenheit
**üp|pig**; ein üppiges Essen
**ur|alt**
die **Ur|groß|el|tern**; der Urgroßvater; der Urenkel; die Urenkelin
der **U|rin** (Harn)
die **Ur|kun|de**, die Urkunden
der **Ur|laub**; der Urlauber; die Urlauberin
die **Ur|ne**, die Urnen; die Wahlurne
die **Ur|sa|che**, die Ursachen
der **Ur|sprung**; ursprünglich
das **Ur|teil**, die Urteile; urteilen
der **Ur|wald**, die Urwälder
die **USA** (Vereinigte Staaten von Amerika) → Amerika

**Va|duz** (Hauptstadt von Liechtenstein)
der **Va|ga|bund** (Herumtreiber), die Vagabunden
**Val|let|ta** (Hauptstadt von Malta)
der **Vam|pir**, die Vampire
die **Va|nil|le**; das Vanilleeis
die **Va|se**, die Vasen
der **Va|ter**, die Väter, Vati; väterlich; das Vaterland; das Vaterunser
der **Ve|ge|ta|ri|er** (Pflanzenkostesser), die Vegetarier; vegetarisch
das **Veil|chen**, die Veilchen
die **Ve|ne** (Blutbahn), die Venen
das **Ven|til**, die Ventile
der **Ven|ti|la|tor**, die Ventilatoren
**ver|ab|re|den**; die Verabredung
sich **ver|ab|schie|den**
**ver|ach|ten**; die Verachtung
die **Ve|ran|da**, die Veranden
**ver|än|dern**; veränderlich; die Veränderung
die **Ver|an|stal|tung**, die Veranstaltungen; veranstalten



die **Ver|ant|wor|tung**; verantworten; verantwortlich sein
das **Verb** (Zeitwort, Tuwort, Tunwort), die Verben
der **Ver|band**, die Verbände; das Verbandzeug [Verbandszeug]
**ver|ber|gen** → bergen
**ver|bes|sern**; die Verbesserung
sich **ver|beu|gen**; die Verbeugung
**ver|bie|gen** → biegen
**ver|bie|ten**; sie verbietet es, ich verbot, ich habe verboten
**ver|bin|den** → binden; die Verbindung; verbindlich
**ver|blüf|fen**; die Verblüffung
**ver|blü|hen**; die Rose ist verblüht
das **Ver|bot**, die Verbote; das Verbotsschild
**ver|brau|chen**; der Verbrauch; der Verbraucher
das **Ver|bre|chen**, die Verbrechen; der Verbrecher; die Verbrecherin
**ver|brei|ten**; die Verbreitung
**ver|bren|nen**, es verbrannte; die Verbrennung
**ver|brü|hen**
der **Ver|dacht**; verdächtigen; verdächtig
**ver|dau|en**; die Verdauung



P Qu R S T U V W X Y Z

das **Ver|deck**; verdecken
**ver|der|ben**, es verdirbt,
es verdarb, es ist verdorben;
das Verderben; verderblich
**ver|die|nen**; der Verdienst (Lohn)
**ver|dop|peln**; die Verdoppelung
**ver|drän|gen**, er verdrängt
**ver|drie|ßen**; es verdrießt mich,
es verdross mich,
es hat mich verdrossen;
der Verdruss; verdrießlich
**ver|dün|nen**; er verdünnt die Farbe
**ver|duns|ten**, es verdunstet;
die Verdunstung
**ver|durs|ten**, er verdurstet
**ver|dutzt** (verwirrt)
**ver|eh|ren**; die Verehrung
der **Ver|ein**, die Vereine;
vereinen

**ver|ein|ba|ren**; die Vereinbarung
sich **ver|fah|ren** → fahren
**ver|fas|sen**; der Verfasser;
die Verfasserin; die Verfassung
**ver|fil|men**; die Verfilmung
**ver|flixt**; eine verflixte Sache
**ver|flu|chen** → fluchen
**ver|fol|gen**; sie verfolgt ihn;
die Verfolgung
die **Ver|gan|gen|heit**; vergangen

Ve

der **Ver|ga|ser** (Autoteil), die Vergaser
**ver|ge|ben**; sie vergibt ihm,
ich vergab, ich habe vergeben;
die Vergebung; vergeblich;
vergebens (umsonst)
**ver|gel|ten**; die Vergeltung
**ver|ges|sen**, er vergisst,
ich vergaß, ich habe vergessen;
die Vergesslichkeit; vergesslich;
vergiss nicht!
**ver|gif|ten**; die Vergiftung
das **Ver|giss|mein|nicht**
**ver|glei|chen**, sie vergleicht,
ich verglich, ich habe verglichen;
der Vergleich, die Vergleiche
das **Ver|gnü|gen**, die Vergnügen;
sich vergnügen, er vergnügt sich;
vergnügt; viel Vergnügen!
**ver|grö|ßern**; die Vergrößerung
**ver|haf|ten**; die Verhaftung
sich **ver|hal|ten**; das Verhalten
das **Ver|hält|nis**, die Verhältnisse;
verhältnismäßig
das **Ver|hält|nis|wort** (Präposition)
**ver|han|deln**; die Verhandlung
**ver|hau|en**, sie verhaut
**ver|heim|li|chen**
**ver|hei|ra|tet**
**ver|hin|dern**; er verhindert es

ver|hö|ren; das Verhör
ver|hun|gern, sie verhungert
ver|hü|ten; die Verhütung
sich **ver|ir|ren**, sie verirrt sich
**ver|kau|fen** → kaufen;
der Verkauf; der Verkäufer;
die Verkäuferin
der **Ver|kehr**; die Verkehrsampel;
der Verkehrsunfall
**ver|kehrt**; das ist verkehrt
**ver|klei|den**; er ist verkleidet;
die Verkleidung
**ver|kün|di|gen**, sie verkündet;
die Verkündigung
der **Ver|lag**, die Verlage;
der Verleger
**ver|lan|gen**, er verlangt
**ver|län|gern**, sie verlängert;
die Verlängerung;
das Verlängerungskabel
**ver|las|sen**, er verlässt,
ich verließ, ich habe verlassen
sich **ver|lau|fen** → laufen
**ver|le|gen**; er ist verlegen;
die Verlegenheit
**ver|lei|hen** → leihen; der Verleih
**ver|let|zen**; sie verletzt sich;
die Verletzung; der Verletzte;
die Verletzte

sich **ver|lie|ben**; verliebt; die Verliebten

**ver|lie|ren**, er verliert, ich verlor,
ich habe verloren
die **Ver|lo|bung**; die Verlobten;
sich verloben
**ver|lo|cken**; die Verlockung
die **Ver|lo|sung**; verlosen
der **Ver|lust**, die Verluste
die **Ver|mäh|lung**; sich vermählen
**ver|meh|ren**; die Vermehrung
**ver|mei|den** → meiden
**ver|mie|ten**; der Vermieter;
die Vermieterin
**ver|mis|sen**; sie vermisst etwas;
der Vermisste; die Vermisste;
die Vermisstenanzeige
das **Ver|mö|gen**; vermögend (reich);
du bist vermögend
**ver|mu|ten**; er vermutet es;
die Vermutung; vermutlich
**ver|nach|läs|si|gen**;
ich habe sie vernachlässigt;
die Vernachlässigung
**ver|neh|men**; die Vernehmung



P Qu R S T U V W X Y Z

Ve

**ver|nei|gen**; die Verneigung
**ver|nich|ten**; die Vernichtung
**ver|nünf|tig**; die Vernunft
**ver|ord|nen**; die Verordnung
**ver|pa|cken** → packen;
die Verpackung
**ver|pas|sen**, sie verpasst,
ich verpasste, ich habe verpasst;
verpass nicht den Bus!
**ver|pet|zen**; er verpetzt sie
die **Ver|pfle|gung**; verpflegen
die **Ver|pflich|tung**; sich verpflichten
**ver|prü|geln** → prügeln
**ver|ra|ten**, sie verrät, ich verriet,
ich habe verraten; der Verrat;
verräterisch; der Verräter;
die Verräterin
sich **ver|rech|nen**, sie verrechnet sich
**ver|rei|ben** → reiben
**ver|rei|sen**, er verreist
**ver|ren|ken**; sich den Fuß verrenken
**ver|ros|ten**; alles ist verrostet
**ver|rückt**; der Verrückte,
die Verrückten
der **Vers** (Zeile eines Gedichtes),
die Verse
**ver|sa|gen**; der Versager;
die Versagerin
die **Ver|samm|lung**; sich versammeln
der **Ver|sand**; das Versandhaus;
versenden → senden
**ver|säu|men**; das Versäumnis
**ver|schen|ken** → schenken
**ver|scheu|chen** → scheuchen
**ver|schie|den**; verschiedenartig
**ver|schla|fen** → schlafen
**ver|schlie|ßen** → schließen
sich **ver|schlu|cken**, er verschluckt sich
der **Ver|schluss**, die Verschlüsse
**ver|schmut|zen**; es ist verschmutzt;
die Verschmutzung
**ver|schnupft**; ich bin verschnupft
**ver|schwen|den**; die Verschwendung;
verschwenderisch
**ver|schwin|den**, er verschwindet,
ich verschwand, ich bin verschwunden
**ver|schwitzt**
das **Ver|se|hen**; aus Versehen
**ver|sen|den** → senden; der Versand
**ver|set|zen**; er wird versetzt;
die Versetzung
die **Ver|si|che|rung**, die Versicherungen;
versichern
**ver|sor|gen**; die Versorgung
sich **ver|spä|ten**; die Verspätung
**ver|spre|chen** → sprechen;
das Versprechen
der **Ver|stand**; verständig

Ve

**ver|stän|di|gen**; er verständigt mich; die Verständigung; verständlich; das Verständnis; verständnisvoll

der **Ver|stär|ker**, die Verstärker; verstärken

**ver|stau|chen**; die Verstauchung

**ver|ste|cken**; sie versteckt es; das Versteck; die Verstecke

**ver|ste|hen**; er versteht mich; ich verstand, ich habe verstanden

die **Ver|stei|ge|rung**, die Versteigerungen; versteigern

die **Ver|stei|ne|rung**, die Versteinerungen

**ver|stopft**; das Rohr ist verstopft

**ver|su|chen**, sie versucht; der Versuch; die Versuchung

**ver|tei|di|gen**; die Verteidigung

**ver|tei|len**; die Verteilung

der **Ver|trag**, die Verträge

**ver|tra|gen**; er verträgt es; ich vertrug, ich habe vertragen

**ver|trau|en**; sie vertraut ihm; das Vertrauen; vertraulich

**ver|träumt**

**ver|trei|ben** → treiben

**ver|tre|ten** → treten; der Vertreter; die Vertreterin; die Vertretung

**ver|un|glü|cken**, er verunglückt

**ver|ur|tei|len**; die Verurteilung

die **Ver|viel|fäl|ti|gung**; vervielfältigen

**ver|wah|ren**; er verwahrt Geld

**ver|wal|ten**; die Verwaltung; die Stadtverwaltung

**ver|wan|deln**; die Verwandlung

**ver|wandt**; die Verwandtschaft; der Verwandte; die Verwandte

die **Ver|wechs|lung**, die Verwechslungen; verwechseln

**ver|wei|gern**; die Verweigerung

der **Ver|weis**, die Verweise

**ver|wel|ken**; die Blume verwelkt

**ver|wen|den** → wenden; die Verwendung

**ver|wir|ren**; verwirrt; ich bin verwirrt; die Verwirrung

**ver|wit|tern**; die Verwitterung

**ver|wit|wet**

**ver|wöh|nen**; sie verwöhnt mich

**ver|wun|den**; er ist verwundet; verwundbar; die Verwundung; der Verwundete; die Verwundete

**ver|zau|bern** → zaubern

**ver|zeh|ren**; der Verzehr

das **Ver|zeich|nis**, die Verzeichnisse

**ver|zei|hen**; sie verzeiht mir, ich verzieh, ich habe verziehen; die Verzeihung

**ver|zich|ten**; der Verzicht

**ver|zwei|feln**; die Verzweiflung

die [das] **Ves|per**; das Vesperbrot

der **Vet|ter**, die Vettern

das **Vi|deo**, die Videos; der Videorekorder

das **Vieh**; die Viehherde

**viel**, mehr, am meisten;
viel Geld; viele Kinder; vielerlei;
vielfältig; vielmals

**viel|leicht**

**vier**; vierzehn; vierzig; vierfach; die
Vier; der Vierer; das Viereck; viereckig;
das Viertel; eine Viertelstunde

die **Vil|la** (großes Haus), die Villen

**vi|o|lett** (veilchenblau)

die **Vi|o|li|ne** (Geige), die Violinen

der [das] **Vi|rus** (Krankheitserreger),
die Viren; die Virusgrippe

die **Vi|si|te** (Besuch des Arztes),
die Visiten

die **Vi|si|ten|kar|te** (Karte mit Namen),
die Visitenkarten

das **Vi|ta|min**,
die Vitamine

der **Vo|gel**, die Vögel;
die Vogelscheuche

die **Vo|ka|bel** (Wort),
die Vokabeln; Vokabeln lernen

der **Vo|kal** (Selbstlaut), die Vokale

das **Volk**, die Völker; das Volkslied

**voll**, voller, am vollsten; völlig; voll-
kommen; vollständig; die Vollmilch

der **Vol|ley|ball** (Flugball), die Volleybälle

**vom** (von dem); vom Baum fallen

**von**; voneinander

**vor**; er steht vor dem Tor

**vo|ran [vor|an]**; vorankommen

**vo|raus [vor|aus]**; voraussichtlich

**vor|bei**

**vor|bei|ge|hen** → gehen

**vor|be|rei|ten**; die Vorbereitung

**vor|beu|gen**; die Vorbeugung

das **Vor|bild**, die Vorbilder; vorbildlich

**vor|de|re**; die vordere Reihe;
der Vordergrund; das Vorderrad

sich **vor|drän|gen**; sich vordrängeln

die **Vor|fahrt**; das Vorfahrtsschild

der **Vor|fall**, die Vorfälle

der **Vor|ge|setz|te**, die Vorgesetzten

**vor|ges|tern**; vorgestern früh

der **Vor|hang**, die Vorhänge

**vor|her**; die Vorhersage

**vor|hin**; er kam vorhin

**vo|rig**; im vorigen Jahr

**vor|kom|men**; es kommt vor

**vor|läu|fig**

**vor|laut**; sie ist vorlaut

**vor|le|sen**, sie liest vor, ich las vor,
ich habe vorgelesen

der **Vor|mit|tag**, die Vormittage; am Vormittag; vormittags; heute Vormittag

**vorn** [vorne]; vornüber

der **Vor|na|me**, die Vornamen

**vor|nehm**; sie ist vornehm

der **Vor|ort**, die Vororte

der **Vor|rat**, die Vorräte; vorrätig

die **Vor|schau**

der **Vor|schlag**, die Vorschläge

die **Vor|schrift**, die Vorschriften; vorschriftsmäßig

**vor|sich|tig**; die Vorsicht

die **Vor|sil|be**, die Vorsilben

der **Vor|sprung**

die **Vor|stel|lung**, die Vorstellungen; sich vorstellen

der **Vor|teil**, die Vorteile; vorteilhaft

der **Vor|trag**, die Vorträge

**vor|treff|lich** (ausgezeichnet)

**vo|rü|ber [vor|ü|ber]**; vorübergehend

der **Vor|ver|kauf**; die Vorverkaufsstelle

**vor|wärts**

**vor|wer|fen** → werfen; der Vorwurf, die Vorwürfe

**vor|zie|hen** → ziehen

der **Vor|zug**; vorzüglich

der **Vul|kan**, die Vulkane

die **Waa|ge**, die Waagen; die Briefwaage; waagerecht [waagrecht]

die **Wa|be**, die Waben

**wach**; wachsam; wachen; die Wachsamkeit; die Wache; der Wächter; wach bleiben

der **Wa|chol|der**; die Wacholderbeere

das **Wachs**; die Wachskerze; einwachsen

**wach|sen**, sie wächst, ich wuchs, ich bin gewachsen; das Gewächs; das Wachstum; der Wuchs

**wa|ckeln**, er wackelt; wackelig [wacklig]; der Wackelpudding

die **Wa|de**, die Waden

die **Waf|fe**, die Waffen

die **Waf|fel**, die Waffeln

der **Wa|gen**, die Wagen

**wa|gen**; sie wagt es; das Wagnis; waghalsig

der **Wag|gon** [Wagon], die Waggons

Wa

**wäh|len**, er wählt; die Wahl, die Wahlen; der Wahlkampf; das Wahllokal; der Wähler; die Wählerin

**wahn|sin|nig**; der Wahnsinn

**wahr**; es ist wahr; die Wahrheit; wahrscheinlich

**wäh|rend**; während der Zeit; währenddessen

**wahr|neh|men** → nehmen; du nimmst es wahr; die Wahrnehmung

die **Wäh|rung** (Geldeinheit, z. B. Euro), die Währungen

das **Wahr|zei|chen** (Denkmal), die Wahrzeichen

die **Wai|se** (Kind ohne Eltern), die Waisen; das Waisenkind

der **Wal**, die Wale

der **Wald**, die Wälder; der Urwald; das Waldsterben

der **Walk|man** (kleiner Rekorder), die Walkmen [Walkmans]

der **Wall** (Erdwall), die Wälle

die **Wall|fahrt** (Pilgerfahrt), die Wallfahrten

die **Wal|nuss**, die Walnüsse

das **Wal|ross**, die Walrosse

die **Wal|ze**, die Walzen; die Straßenwalze; walzen; die Straße wird gewalzt

**wäl|zen**; er wälzt sich

der **Wal|zer**; Wiener Walzer tanzen

die **Wand**, die Wände; die Wandtafel

der **Wan|del**; sich wandeln

**wan|dern**, sie wandert; der Wanderer [Wandrer]; die Wanderin [Wandrerin]; der Wandertag; die Wanderung

die **Wan|ge**, die Wangen

**wann**; wann fährst du?

die **Wan|ne**, die Wannen

die **Wan|ze**, die Wanzen

das **Wap|pen**, die Wappen; das Stadtwappen

**war** → sein; er war krank

ich **wä|re** → sein; ich wäre gekommen

die **Wa|re**, die Waren; das Warenhaus

**warm**, wärmer, am wärmsten; warmherzig

die **Wär|me**; die Wärmflasche; wärmen; er wärmt mich

**war|nen**; sie warnt mich; die Warnung; das Warnsignal

**War|schau** (Hauptstadt von Polen)

ihr **wart** → sein; ihr wart da

**war|ten**, sie wartet; der Wärter; die Wärterin; das Wartezimmer

**wa|rum [war|um]**; warum bist du da?

die **War|ze**, die Warzen

**was**; was ist los?
**wa|schen**, er wäscht, ich wusch, ich habe gewaschen; die Wäsche; die Wäscherei; die Waschmaschine
das **Was|ser**; die Wasserleitung; wasserdicht; wasserscheu; wässrig; die Suppe ist wässrig
**wa|ten**; der Storch watet
**wat|scheln**; die Ente watschelt
das **Watt**; das Wattenmeer
das **Watt**; die Glühbirne hat 60 Watt
die **Wat|te**; wattieren
das **WC** (Wasserklosett, Klo), die WCs
**we|ben**; der Webstuhl
**wech|seln**; er wechselt das Geld; der Wechsel
der **Weck** [die Wecke, der Wecken] (Brötchen), die Wecke [Wecken]
**we|cken**; sie weckt mich; der Wecker
**we|deln**; der Hund wedelt
**we|der**; weder du noch ich
**weg**; er ist weg
der **Weg**, die Wege
**we|gen**; wegen des Regens
**weg|fah|ren** → fahren
**weg|ge|hen** → gehen
**weg|lau|fen** → laufen
**weg|neh|men** → nehmen
der **Weg|wei|ser**, die Wegweiser

**weg|wer|fen** → werfen
**weh tun**; wehleidig
die **We|he**; die Schneewehe
die **We|hen** (bei der Geburt)
**we|hen**; die Fahne weht
**weh|ren**; wehrlos; sich zur Wehr setzen
das **Weh|weh|chen**, die Wehwehchen
das **Weib**, die Weiber; weiblich
**weich**; weichherzig
die **Wei|che**, die Weichen
**wei|chen**, er weicht, ich wich, ich bin gewichen
die **Wei|de**, die Weiden

sich **wei|gern**, sie weigert sich; die Weigerung
**wei|hen**; die Weihe; der Weihrauch; das Weihwasser
**Weih|nach|ten** [die Weihnacht]; der Weihnachtsabend; der Weihnachtsmann; weihnachtlich; es weihnachtet
**weil**; weil ich krank war, …
die **Wei|le**; eine Weile warten

P Qu R S T U V W X Y Z

der **Wein**, die Weine; die Weintraube
**wei|nen**, er weint; weinerlich
**wei|se** (klug); sie ist weise; die Weisen (kluge Leute); die Weisheit; der Weisheitszahn
die **Wei|se**; die Art und Weise
**wei|sen** (zeigen), er weist den Weg, ich wies, ich habe gewiesen
**weiß**; das weiße Kleid
**Weiß|russ|land**; der Weißrusse; die Weißrussen, die Weißrussin; weißrussisch
**weit**, weiter, am weitesten; von weitem; ohne weiteres; weitsichtig; das Weite suchen; der Weitsprung
**wei|ter|fah|ren** → fahren
**wei|ter|ge|hen** → gehen
**wei|ter|lau|fen** → laufen
der **Wei|zen**; das Weizenmehl
**welch**; welch ein Wunder!; welche Frau?; welcher Mann?; welches Kind?
**wel|ken**; die Pflanze welkt; das Blatt ist welk
die **Wel|le**, die Wellen; das Wellenbad
der **Wel|len|sit|tich**, die Wellensittiche
der **Wel|pe** (junger Hund), die Welpen
die **Welt**, die Welten; das Weltall; der Weltraum; der Weltrekord; weltberühmt; weltfremd; die Dritte Welt
**wem**; wem hilfst du?
der **Wem|fall** (3. Fall, Dativ)
**wen**; wen rufst du?
die **Wen|del|trep|pe**, die Wendeltreppen
**wen|den** (umdrehen), er wendet, ich wandte [wendete], ich habe gewandt [gewendet]; die Wendung; wendig
der **Wen|fall** (4. Fall, Akkusativ)
**we|nig**, weniger, am wenigsten; ein wenig (ein bisschen) Zeit; wenigstens
**wenn**; wenn du gesund bist, …
**wer**; wer ist da?
**wer|ben**, er wirbt, ich warb, ich habe geworben; die Werbung; die Werbesendung
**wer|den**, du wirst, er wird, ich wurde, ich bin geworden
der **Wer|fall** (1. Fall, Nominativ)
**wer|fen**, sie wirft, ich warf, ich habe geworfen; wirf!; der Wurf
die **Werft** (Anlage zum Bau von Schiffen), die Werften
das **Werk**, die Werke; die Werkstatt; das Werkzeug; der Werktag; werktags

**wert**; wertvoll; wertlos; der Wert, die Werte; der Wertgegenstand

**we|sent|lich** (wichtig)

die **We|ser** (Fluss)

der **Wes|fall** [Wessenfall] (2. Fall, Genitiv)

**wes|halb**; weshalb gehst du?

die **Wes|pe**, die Wespen

**wes|sen**; wessen Buch ist das?

der **Wes|ten**; der Wilde Westen; westlich; westwärts

**West|fa|len**; westfälisch

**wet|ten**, er wettet; die Wette; der Wettbewerb; der Wettkampf; der Wettlauf

das **Wet|ter**; der Wetterbericht; die Wettervorhersage; wetterfest

**wet|zen**, sie wetzt (das Messer)

der **Wicht**, die Wichte; das Wichtelmännchen

**wich|tig**, wichtiger, am wichtigsten; alles Wichtige; sich wichtig machen

**wi|ckeln**; sie wickelt es ein; der Wickel (Umschlag), die Wickel

der **Wid|der** (männliches Schaf), die Widder

**wi|der** (gegen, entgegen); das ist wider meinen Willen; der Widerstand; widerwillig; widerspenstig; widerlich; widersprechen; der Widerspruch

**wid|men**; die Widmung

**wie**; wie bitte?; so groß wie …; wie viel Geld hast du?; wie viele Äpfel hast du?; wie weit ist es?

**wie|der** (noch einmal); wiederholen; die Wiederholung; das Wiedersehen

**wie|gen**; er wiegt den Brief; ich wog ihn; ich habe ihn gewogen

**wie|gen**; sie wiegt das Kind; ich habe es gewiegt; die Wiege

**wie|hern**; das Pferd wiehert

**Wien** (Hauptstadt von Österreich); das Wiener Würstchen

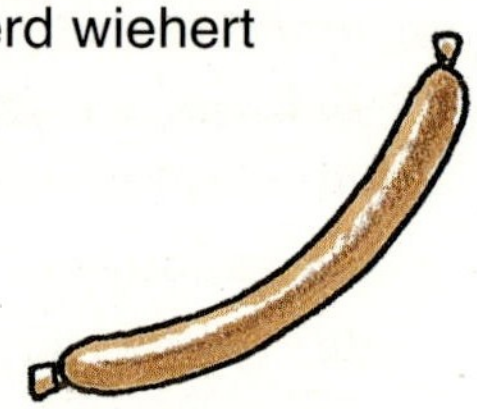

**Wies|ba|den**

die **Wie|se**, die Wiesen

das **Wie|sel**, die Wiesel; wieselflink

**wie|so**; wieso lachst du?

das **Wie|wort** (Eigenschaftswort, Adjektiv), die Wiewörter

**wild**, wilder, am wildesten; das wilde Tier; das Wild; das Wildschwein; die Wildnis; wildfremd

sie **will** → wollen

der **Wil|le**; willig; widerwillig

**will|kom|men**



P Qu R S T U V W X Y Z

**will|kür|lich**; die Willkür
**Wil|na** (Hauptstadt von Litauen)
**wim|meln**, es wimmelt
**wim|mern**, er wimmert
der **Wim|pel** (dreieckige Fahne),
die Wimpel
die **Wim|per**, die Wimpern
der **Wind**, die Winde; windig;
das Windrad; die Windpocken
die **Win|del**, die Windeln
**win|den**, er windet, ich wand,
ich habe gewunden; die Windung
der **Win|kel**, die Winkel; winkelig [winklig]
**win|ken**, sie winkt, ich winkte,
ich habe gewinkt; der Wink
**win|seln**; der Hund winselt;
das Winseln
der **Win|ter**, die Winter; winterlich
der **Win|zer** (Weinbauer), die Winzer
**win|zig**; ein winziger Schluck
**wip|pen**, er wippt;
die Wippe, die Wippen

**wir**; wir beide

**wir|beln**; die Blätter wirbeln;
der Wirbel; der Wirbelwind;
die Wirbelsäule; das Wirbeltier
es **wird** → werden; es wird kalt
sie **wirft** → werfen
**wir|ken**; die Tablette wirkt;
die Wirkung; wirksam
**wirk|lich**; die Wirklichkeit
**wirr**; der Wirrwarr
der **Wirt**, die Wirte; die Wirtin;
das Wirtshaus; die Wirtschaft
**wi|schen**; er wischt Staub;
der Wischlappen
**wis|sen**, er weiß,
ich wusste, ich habe gewusst;
das Wissen; die Wissenschaft;
der Wissenschaftler
**wit|tern**; er wittert Gefahr;
die Witterung
die **Wit|we**, die Witwen; der Witwer
der **Witz**, die Witze; der Witzbold;
witzig; witzlos
**wo**; wo bist du?
**wo|an|ders**
**wo|bei**
die **Wo|che**, die Wochen; wöchentlich;
das Wochenende; wochenlang
**wo|durch**; wodurch kam das?
**wo|für**; wofür soll ich bezahlen?

**wo|her**; woher kommst du?
**wo|hin**; wohin gehst du?
**wohl**, wohler, am wohlsten; wohlhabend; wohlwollend; das Wohl; zum Wohl!; die Wohltat; der Wohlstand
**woh|nen**, sie wohnt; bewohnt
die **Woh|nung**, die Wohnungen; das Wohnmobil
der **Wolf**, die Wölfe
die **Wol|ke**, die Wolken; wolkig
die **Wol|le**; das Wollknäuel
**wol|len**, du willst, er will, ich wollte, ich habe gewollt
**wo|ran**; worauf; woraus; worin; womit; worüber; worum; worunter; wovon; wovor; wozu
das **Wort**, die Wörter; wörtlich; das Wörterbuch
das **Wrack** (stark beschädigtes Schiff), die Wracks
**wrin|gen**, er wringt, ich wrang, ich habe gewrungen; auswringen
der **Wuchs** → wachsen
die **Wucht**; wuchtig
**wüh|len**, sie wühlt
die **Wun|de**, die Wunden; wund
das **Wun|der**, die Wunder; wunderbar; wunderschön



sich **wun|dern**, er wundert sich
**wün|schen**, sie wünscht; ich habe es gewünscht; der Wunsch, die Wünsche; der Wunschzettel
er **wur|de** → werden; er wurde alt
der **Wurf**, die Würfe
der **Wür|fel**, die Würfel; würfeln

**wür|gen**; sie würgt ihn
der **Wurm**, die Würmer; wurmstichig
die **Wurst**, die Würste; das Würstchen
die **Wur|zel**, die Wurzeln
**wür|zen**, sie würzt; würzig
sie **wuss|te** → wissen; sie wusste viel
die **Wüs|te**, die Wüsten; wüst
die **Wut**; der Wutanfall; wütend

# X bis Y

die **X-Bei|ne**; er geht X-beinig [x-beinig]
**x-be|lie|big** (irgendein)
**x-fach** (vielfach)
**x-mal** (sehr oft); er rief x-mal
das **Xy|lo|fon** [Xylophon] (Musikinstrument), die Xylofone

die **Yacht** [Jacht] (Schiff), die Yachten
der **Yak** [Jak] (Hochgebirgsrind), die Yaks
das [der] **Yo|ga** [Joga]
das **Yp|si|lon** (Buchstabe), die Ypsilons

# Za

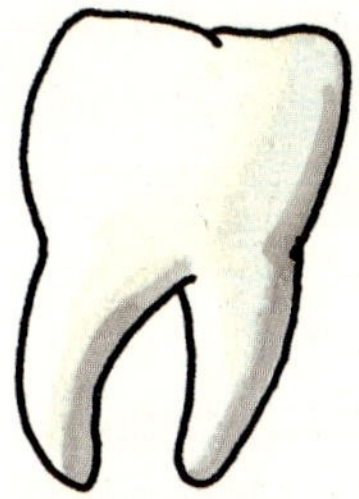

die **Za|cke** [der Zacken], die Zacken; zackig; gezackt
**zag|haft** (zögernd)
**Zag|reb [Za|greb]** (Hauptstadt von Kroatien)
**zäh**, zäher, am zähesten; zähflüssig; die Zähigkeit
die **Zahl**, die Zahlen; zahllos; zahlreich
**zah|len**, sie zahlt
**zäh|len**, er zählt; gezählt; der Zähler; die Zählung
**zahm**; zähmen; gezähmt; die Zähmung
der **Zahn**, die Zähne; der Zahnarzt; die Zahnärztin; die Zahnpasta; die Zahnschmerzen
die **Zan|ge**, die Zangen
sich **zan|ken**; er zankt sich mit ihr; der Zank; zänkisch
der **Zap|fen**, die Zapfen; das Zäpfchen; zapfen; die Zapfsäule
**zap|peln**; zappelig [zapplig]

**zart**; zärtlich; die Zärtlichkeit
**zau|bern**, er zaubert; die Zauberei; der Zauberer, die Zauberer; die Zauberin
der **Zaun**, die Zäune
das **Zeb|ra [Ze|bra]**, die Zebras
die **Ze|cke** [der Zeck] (Milbe), die Zecken [Zecke]
die **Ze|he** [der Zeh], die Zehen; auf Zehenspitzen gehen
**zehn**; zehntausend; zehnfach; zehntens; die Zehn; der Zehner; ein Zehntel
das **Zei|chen**, die Zeichen
**zeich|nen**, sie zeichnet; die Zeichnung; der Zeichenblock; der Zeichner; die Zeichnerin
**zei|gen**, er zeigt; der Zeiger; der Zeigefinger
die **Zei|le**, die Zeilen
die **Zeit**, die Zeiten; eine Zeit lang; der Zeitpunkt; zeitig; zeitweise
die **Zeit|schrift**, die Zeitschriften
die **Zei|tung**, die Zeitungen
das **Zeit|wort** (Tunwort, Verb)
die **Zel|le** (sehr kleiner Raum), die Zellen
das **Zelt**, die Zelte; der Zeltplatz; zelten; ich habe gezeltet
der **Ze|ment** (Baustoff); zementieren



die **Zen|sur**, die Zensuren; zensieren
der [das] **Zen|ti|me|ter** [cm], die Zentimeter
der **Zent|ner** [Ztr.], die Zentner
**zent|ral [zen|tral]** (in der Mitte); die Zentrale; die Zentralheizung
das **Zent|rum [Zen|trum]**, die Zentren
der **Zep|pe|lin**, die Zeppeline

**zer|bre|chen**; er zerbricht es; ich zerbrach, ich habe zerbrochen; zerbrechlich
**zer|fet|zen**; zerfetzt
**zer|klei|nern**; er zerkleinert Holz
**zer|knül|len**, er zerknüllt
**zer|quet|schen**; zerquetscht
**zer|rei|ßen**; sie zerreißt es, ich zerriss, ich habe zerrissen
**zer|ren**; die Zerrung
**zer|split|tern**; zersplittert
**zer|stö|ren**; die Zerstörung
**zer|streu|en**; er ist zerstreut; die Zerstreuung
**ze|tern** (schreien; jammern), er zetert; das Gezeter
der **Zet|tel**, die Zettel
das **Zeug**; das Werkzeug

der **Zeu|ge**, die Zeugen; die Zeugin; die Zeugenaussage

das **Zeug|nis**, die Zeugnisse

der **Zick|zack**; im Zickzack laufen

die **Zie|ge**, die Ziegen

der **Zie|gel**, die Ziegel; der Ziegelstein

**zie|hen**, er zieht, ich zog, ich habe gezogen; die Ziehung

das **Ziel**, die Ziele; zielen; ziellos; zielstrebig; zielbewusst

**ziem|lich**

die **Zier** [Zierde]; verziert; zierlich

die **Zif|fer**, die Ziffern; das Zifferblatt

die **Zi|ga|ret|te**, die Zigaretten; der Zigarettenautomat

die **Zi|gar|re**, die Zigarren

das **Zim|mer**, die Zimmer; zimmern; der Zimmermann

**zim|per|lich** (besonders empfindlich)

der **Zimt** (Gewürz); Zimt und Zucker

das **Zink** (Metall); das Zinkblech

das **Zinn** (Metall); der Zinnteller

der **Zins**, die Zinsen

der **Zip|fel**, die Zipfel; die Zipfelmütze

**zir|ka** [circa, ca.] (ungefähr)

der **Zir|kel**, die Zirkel

der **Zir|kus**, die Zirkusse; das Zirkuszelt

**zir|pen**; die Grille zirpt

**zi|schen**, es zischt



die **Zi|tro|ne [Zit|ro|ne]**, die Zitronen

die **Zi|trus|früch|te [Zit|rus|früch|te]**

**zit|tern**; zittrig [zitterig]

die **Zit|ze** (Körperteil zum Säugen bei weiblichen Tieren), die Zitzen

**zi|vil** (bürgerlich); die Zivilisation

**zö|gern**, er zögert; zögernd

der **Zoll**, die Zölle; der Zöllner; verzollen; zollfreie Ware

der **Zoll|stock**, die Zollstöcke

die **Zo|ne**, die Zonen

der **Zoo**, die Zoos; die Zootiere

das **Zoom** (Fotoobjektiv), die Zooms; zoomen

der **Zopf**, die Zöpfe

der **Zorn**; zornig; sie ist zornig

**zot|te|lig**; ein zotteliges Fell

**zu**; zu Hause; er weiß zu viel; ich habe zu wenig Geld bei mir; zu Bett gehen

**zu|al|ler|erst**; zuallerletzt

das **Zu|be|hör**

**zu|be|rei|ten**; Essen zubereiten

die **Zucht**; die Züchtung; züchten

**zu|cken**; der Blitz zuckt; die Zuckung, die Zuckungen

der **Zu|cker**; zuckern; zuckersüß; zuckerkrank

die **Zu|fahrt**, die Zufahrten;
die Zufahrtsstraße
**zu|de|cken**; sie deckt sich zu;
zugedeckt; die Zudecke
**zu|ein|an|der [zu|ei|nan|der]**
**zu|erst**; ich bin zuerst da
die **Zu|fahrt**, die Zufahrten;
die Zufahrtsstraße
der **Zu|fall**, die Zufälle; zufällig
**zu|frie|den**; ich bin zufrieden;
die Zufriedenheit
der **Zug**, die Züge;
die Zugmaschine
**zu|ge|ben** → geben; die Zugabe
der **Zü|gel**, die Zügel; zügeln
**zü|gig** (schnell)
**zu|gleich** (gleichzeitig)
**zu|grei|fen** → greifen
**zu|grun|de** [zu Grunde] gehen
**zu|guns|ten** [zu Gunsten]
**zu|hal|ten** → halten
das **Zu|hau|se**; mein Zuhause;
zu Hause sein
der **Zu|hö|rer**, die Zuhörer;
die Zuhörerin; zuhören
**zu|kle|ben**; du klebst den Brief zu
**zu|knöp|fen**; zugeknöpft
die **Zu|kunft**; zukünftig
**zu|las|sen** → lassen
**zu|läs|sig** (erlaubt)
**zu|lei|de** [zu Leide]

Zu

**zu|letzt**; ich kam zuletzt
mir **zu|lie|be**
**zum** (zu dem); ich ging zum Arzt
**zum Bei|spiel** [z. B.]
**zu|ma|chen** → machen
**zu|min|dest** (mindestens)
**zu|nächst**
der **Zu|na|me** (Familienname)
**zün|den**; sie zündet Feuer an;
die Zündung; das Zündholz
**zu|neh|men**; die Zunahme
die **Zun|ge**, die Zungen
**zup|fen**, er zupft
**zur** (zu der); ich gehe zur Schule
**zu|recht**; sich zurechtfinden
**zu|rück**; zurück sein
**zu|rück|ge|ben** → geben
**zu|rück|keh|ren**, du kehrst zurück
**zu|rück|kom|men** → kommen
der **Zu|ruf**, die Zurufe; zurufen
**zu|sam|men**; die Zusammenarbeit
**zu|sam|men|fas|sen** → fassen;
die Zusammenfassung
**zu|sam|men|hän|gen** → hängen;
der Zusammenhang
**zu|sam|men|schrei|ben** → schreiben;
die Zusammenschreibung
**zu|sam|men|set|zen** → setzen;
die Zusammensetzung

**zu|sam|men|sto|ßen** → stoßen; der Zusammenstoß

**zu|sam|men|zäh|len** → zählen

der **Zu|satz**, die Zusätze

der **Zu|schau|er**, die Zuschauer; die Zuschauerin; zuschauen

**zu|schlie|ßen** → schließen

**zu|se|hen** → sehen

**zu|sen|den** → senden

der **Zu|stand**, die Zustände; zuständig

**zu|stan|de** [zu Stande] bringen

**zu|stim|men**; die Zustimmung

die **Zu|tat**, die Zutaten

**zu|trau|lich**; das Zutrauen

der **Zu|tritt**; Zutritt verboten!

**zu|ver|läs|sig**; die Zuverlässigkeit

**zu|ver|sicht|lich**; die Zuversicht

**zu|vor**; zuvorkommen

**zu|wi|der**; das ist mir zuwider

**zu|zie|hen** → ziehen

der **Zwang**, die Zwänge; zwanglos; zwängen; gezwängt

**zwan|zig**; die Zwanzig; der Zwanzigeuroschein

**zwar**; ich bin zwar müde, aber …



der **Zweck**; zwecklos; zweckmäßig

**zwei**; zu zweit; zweifach

der **Zwei|fel**, die Zweifel; zweifeln; zweifellos

der **Zweig**, die Zweige

der **Zwerg**, die Zwerge

die **Zwet|sche** [Zwetschge, Zwetschke] (Pflaume), die Zwetschen

**zwi|cken**; sie zwickt mich; die Zwickmühle

der **Zwie|back**, die Zwiebäcke

die **Zwie|bel**, die Zwiebeln

**zwie|späl|tig**; der Zwiespalt

der **Zwil|ling**, die Zwillinge; das Zwillingspaar

**zwin|gen**; sie zwingt ihn; ich zwang, ich habe gezwungen

der **Zwin|ger** (Käfig für Tiere), die Zwinger

**zwin|kern**; er zwinkert mir zu

der **Zwirn** (Garn), die Zwirne

**zwi|schen**; zwischendurch; der Zwischenraum

**zwit|schern**, es zwitschert

**zwölf**; zwölffach; zwölftausend; die Zwölf

der **Zy|lin|der**, die Zylinder; der Zylinderhut

## Übungen zum Nachschlagen

# Wer kennt sich aus im Abc?

## Abc-Reim

| | |
|---|---|
| A B C D E F G | Ein Hase hoppelt durch den Schnee. |
| H I J K L M N O P | Er passt nicht auf, rutscht in den See. |
| Qu R S T U V W | Zum Glück errettet ihn die Fee. |
| X Y Z | Ab ins Bett! |

1. Kannst du das Abc auswendig aufsagen?

2. Denke dir auch einen Abc-Reim aus.

## Kinder-Abc

Lena feiert Geburtstag.
Beim Dosenwerfen
geht es der Reihe nach.

3. Wer beginnt?

4. Ordne alle Vornamen nach dem Abc. ✏

## Abc-Zwillinge

Timo fängt an. Er nennt zwei Wörter,
die den gleichen Anfangsbuchstaben haben.
Dann ruft er Lena auf. Sie muss sagen,
welches Wort zuerst im Abc steht:
Nun ist sie an der Reihe
und nennt Abc-Zwillingswörter.

| | | | | |
|---|---|---|---|---|
| Buch | Hexe | April | Finger | Telefon |
| Bett | Hose | Arm | Fliege | Tisch |

1. Ordne die Abc-Zwillingswörter. ✏

## Abc-Quartett

Sarah hat Spielkarten gebastelt.
Immer vier gehören zusammen.

2. Jedes Quartett muss noch sortiert werden. Findest du die richtige Reihenfolge? Auf den dritten Buchstaben kommt es an. ✏

## Teekesselwörter

1. Kannst du diese Teekesselwörter richtig schreiben?
   Kontrolliere mit dem Wörterverzeichnis.

2. Suche weitere Teekesselwörter.

## Namenwörter in der Mehrzahl

Wie viele gibt es von jeder Sorte?
Felix zählt: vier Bälle, drei ...
Wenn du die Wörter im Wörterverzeichnis
nachschlagen willst, musst du zuerst die Einzahl bilden.

3. Schreibe so: Bälle – Ball, Bäume – ...

## Zusammengesetzte Namenwörter

1. Schreibe die zusammengesetzten Namenwörter auf:
   Handschuh, ...

2. Hast du richtig geschrieben? Im Wörterverzeichnis musst du jedes Wort für sich nachschlagen.
   Notiere die Seitenzahl:
   Hand: Seite ..., Schuh: Seite ... , ...

## Formen von Tunwörtern

Gestern f... wir mit meiner Tante in den Zoo.
Zuerst g... wir ins Schimpansenhaus.
Ein kleiner Affe f... gerade eine Banane.
Als er fertig war, w... er mir die Schale an den Kopf.

3. Welche Wörter gehören in die Lücken?

4. Wenn du diese Wörter im Wörterverzeichnis nachschlagen willst, musst du zuerst die Grundformen suchen: fuhren – fahren, ...

Das Wörterbuch für die Grundschule
wurde erarbeitet von Gisela Winter.

Illustration:
Anja Rieger

1. Auflage Druck 5 4 3 2
Herstellungsjahr 2006 2005 2004 2003
Alle Drucke dieser Auflage können im Unterricht
parallel verwendet werden.


www.westermann.de

Verlagslektorat: Nicole Amrein, Nicole Hotopp
Lay-out und Herstellung: Annette Henko

Druck und Bindung: westermann druck GmbH, Braunschweig

ISBN 3-14-**12 5590**-3

Übungen zum Nachschlagen